最强大脑郑才千的诗文记忆秘笈

郑才千◎著

中国人民大学出版社
·北京·

谨以此书献给

我心中最伟大的人、我的母亲

陈雪梅女士

推荐序

领悟中国古典诗歌之美，离不开敏感的心灵，离不开扎实的古典文学修养。如何获得它们呢？除了在人生中、在书海里广泛地体验、研读之外，记忆是必须被我们重视的。记忆，未必意味着当下就能透彻理解。它是要学诗之人先把经典文本安顿在心中，变成生命的一部分。这样，关乎诗歌之美的体验、玩味、推敲、共鸣，才会成为不假安排、自然入妙之事。先有积累，再有一生的体会。很多杰出的先人，就是这样逐渐拥有了诗的素养、美的心胸。

才千是给我留下深刻印象的青年才子。八年前，在我的“古代文学理论史”课堂上，在“北京市大学生人文知识竞赛”的赛场中，他的热情、聪颖和记忆能力都令我欣赏。今天他这本书展示的记忆世界，角度多样，思路相当灵活，让我颇觉新奇。无可否认，记忆需要窍门、方法，它们未见得尽合学理，但会帮助不少人快速地背诵大量诗篇，走上积累的第一步。有了这第一步，才有可能穷一生之精力爱上诗、真正地理解诗。等到初通古典诗歌之道的那一天，回味以往记忆的瞬间，应该是一件快乐的事情。出于以上原因，我愿意推荐才千这本书。

——徐楠　中国人民大学文学院副院长

推荐语

录制凤凰卫视的《生命密码》节目时，我曾经负责对才千进行记忆测试，他惊人的记忆力与其独特的记忆方法密切相关。他的记忆方法是十几年来在自己的实践中总结出来的，结合古文和诗词的意境、押韵、想象等特点，符合记忆的规律，是科学可行的。

——徐敏　中国科学院上海生命科学研究院神经科学研究所研究员，研究组组长

与才千相识近十年，在我眼中，他智力超凡，学养深厚，创意不断。尤其令我钦佩的是他始终致力于推广记忆方法，将金针度人，救千万学子于“水火”。这本诗文记忆秘笈选例精当、讲解通透，妙趣横生之余有令人猛醒之感——原来诗词可以这样记忆！原来诗词记忆如此简单！作为一名中学教师，我要向才千表达敬意。本书不仅可谓诗词记忆的秘笈，更堪称语文学习的宝典。

——王强　人大附中高三语文名师

几次和郑才千在节目里相遇，都惊叹于他的超强记忆。我喜欢

古诗词，曾见他在节目现场行云流水滔滔不绝地吟诵，便也期待能和他一样引经据典信手拈来。这本书，应该就是我的好老师吧！谢谢才千！

——周群　著名主持人

与才千相识于北京市大学生人文知识竞赛中。在那些并肩“战斗”的日子里，我们好奇地窥探他用“连环画”的形式背诵《丽人行》，他则教给我们快速记忆各种人文掌故的小秘诀。那是我第一次了解到记忆法、思维导图和快速阅读，感觉像打开了一扇新世界的大门。现在，他的这本书正式面世，必将惠及大批学子与诗文爱好者。

——景风华　四川大学法学院教师

从最年轻的世界记忆大师到文字信息记忆亚洲第一人，从《最强大脑》中的惊艳亮相到惠及万千学子的《最强大脑：“魔方墙找茬王”郑才千的学神秘笈》的面世，年轻的郑才千给人们带来太多的惊喜和震撼。从条形码、二维码、魔方墙，到人名头像、随机词汇，郑才千已经以天才的大脑向我们展现出其神乎其神的记忆技能。而这一次，他把目光聚焦在了诗词记忆，对于广大诗词爱好者无疑是天降的福音。如果你想轻松成为诗词高手，这本书一定不会让你失望。

——彭敏　中央电视台《中国成语大会》冠军、《中国诗词大会》亚军听说才千哥哥要出一本快速记忆诗词、古文的书，很期待哦！曾两次与才千哥哥一起录制电视节目，亲自见识了他超强的记忆功力。尤其看到他可以将一本《唐诗三百首》倒背如流，300多首诗哦，真是太赞了！小伙伴们，你们也想拥有这种能力吗？在这本书里，才千哥哥精心挑选了近百首诗词、古文，并潜心研究了一套实用的快速记忆方法，相信一定会让你记忆诗词的能力嗖嗖地增长哦！

——李尚容　《中国诗词大会》人气选手

其实每一个擅于学习的人都有一套自己的学习方法、记忆方法，但是大多数时候，这些方法只能借鉴参考。能不能真正为己所用、举一反三，似乎又陷入了天赋的怪圈。郑才千在自己对大量学生的教学过程中，提炼出了这一套切实可行、易于掌握的记忆方法，可以让普通人完成大脑的“软件升级”。通过这本书掌握一套思维方法带来的益处，远远超过记住了100篇古诗文。相信读者能从中获得更多挑战自我的乐趣！

——邱汐岩　《天才知道》第一季季军、《一站到底》战神、畅销书作者

才千是一个非常聪明和认真的人，19岁就成为了“世界记忆大师”，在中文信息记忆方面更是天赋过人，是记忆大师中少见的大“学霸”，相信他的这本书一定会帮到你们。

——申一帆　《最强大脑》人气选手、图样单词app创始人

记忆方法越来越流行，相关的培训也越来越多。我一直认为学习记忆方法最难的是如何运用、如何能真正地帮助我们完成特定的任务。很多人学会了以华少的语速背诵圆周率，学会了记忆出牌顺序以便过年时候赢赢钱，然后就没有然后了。其实，每个人都知道把方法应用到学习的实际才是硬道理，但是这种硬碰硬、点对点的方法应用实在是太累了，还不如多讲几节课赚钱快。还好，有才千这样愿意死磕的人。教育部发文要求小学到高中要记忆208篇古诗文，才千这本书有将近100篇古诗文的详细记忆方法，还等什么呢？

——贾立平　《最强大脑》人气选手

才通古今，千锤百炼！

和最强大脑学习最强记忆方法！才千的这本新书将帮助你通过大量的实践案例，进阶到学科记忆高手的行列！

——刘健　《最强大脑》人气选手、世界记忆大师

才千的这本书，一如既往，全是干货。整本书只有必要的理论和情境引入，加上近百篇古诗文的记忆方法，居然没有任何可以快进的地方！无论是增加文化修养，还是备战考试，都非常值得一读。

——孙虹烨　《最强大脑》人气选手、《最强大脑之魔方圣境》作者

古诗文是我国传统文化的重要组成部分，然而大部分人很难有

深入的积累。才千的这本书，提供了系统的记忆理论和近百篇古诗文的具体记忆方法，相信一定可以帮助大家掌握这些名家名篇。

——王鹰豪　《最强大脑》第三季、第四季人气选手

惊艳全场的魔方墙！

技惊四座的郑才千！

以上是我第一次看《最强大脑》的感受。

才千老师是记忆大师，而我只是第五季百强选手中普普通通的一员。我记得上学的时候，最令我痛苦的就是背诵诗文。我愿意相信，学习是思维和记忆两方面的事情。思维不够，记忆来凑。诗词歌赋，是我们每一位国人都应该学习的国学经典。记忆诗文，请从这本书开始。

——栾雨　《最强大脑》人气选手

| 代 | 前 | 言 |

这不仅仅是一本红宝书

从2016年到2018年，无数次键盘的敲击，这本书终于可以和大家见面了……

写书的时候大概看了一下几家主要的图书电商网站，心中大喜：我这部作品不就是古诗词记忆界的宝典吗？目前还没有同类产品，这是要填补市场空白啊，500万销量在呼唤我，哈哈哈哈……

拿到书的你可能看到目录和诗文目录也会狂喜：以后需要背什么诗词歌赋，直接翻到那一页岂不是就万事大吉了？So easy（太简单了）！

然而，它其实不是这么用的！

诚然，为了阅读的方便，我单独标出了每一篇古诗文的页码并且给出了相应的记忆方法，很多作品还给出了好几种方法。但是，如果你直接翻到这一页并开始用我的方法记忆，可能会不知所云。英语单词无非是由26个字母组成的，所以可以直接用各种逻辑和联想的方法进行记忆，但是中华古典文化博大精深，情况要复杂得多。

所以，千万不要跳到对应篇目直接看方法，除非你对我的方法体系非常熟悉！注意，是我的方法体系！熟悉其他老师的没有用，每个人的方法要点都是不一样的，我们不一样……

建议每一位读者都先从理论部分看起，了解了方法的原理之后，再看具体的实例。因为本书的重点在于古诗文记忆，而不是记忆的理论，所以理论部分并没有过分细致的陈述。有时间的读者建议同时阅读《最强大脑："魔方墙找茬王"郑才千的学神秘笈》，系统学习相关理论来强化效果。

单纯去看还不能发挥最大的效果，建议你在看了几个实例之后，对于后面的诗文，就不要直接看方法了，先按照我的方法尝试自己记忆一下，再看书中的方法。书中的实例，很多是我学生的灵感，我进行了后期的加工和润色，目的就是希望能够贴近初学者的实际。所以，放轻松，说不定你可以超越书中的方法，想到更好的点子哦！而且，这个世界上最好的方法一定不是我的，而是你自己结合自己的思维特点和生活实际得出的奇思妙想！

等你对于方法有一定的了解，你就可以通过多种方式来使用这本书：

第一，如果你临时需要背诵各种诗词歌赋，那么这本书的确可以作为"古诗词记忆宝典"使用，背哪篇就查哪篇，非常强大！

第二，如果你看到这本书而跃跃欲试，想在短时间内背完这本书中的所有的近百篇作品，那么可以结合本书最后的背诵计划，在1 000分钟左右就迅速掌握这些祖国的文化瑰宝！

第三，你也可以慢慢欣赏唯美的诗文，随意看看方法，在不知不觉中完成积累，成为一个“腹有诗书气自华”的人。

在这里还要提醒大家一点：无论你多么喜欢书中的记忆方法，还是建议你先好好理解一下原文的意思，再去进行记忆。虽然我们的某些方法是通过故意曲解原文来降低记忆的难度，但是记忆方法只是一个工具，当完成记忆任务之后，我们就不能继续曲解原文了。本书的重点在于降低记忆难度，所以对于古诗文的翻译，我采取的原则是“信、达、简”，在保证正确性和流畅性的前提下，采用简明扼要的翻译方式，尽量使得读者能够一眼看出译文与原文的对应关系，从而更好地配合后面的记忆方法。

正所谓“书不尽言，言不尽意”，无论我写3年还是30年，都无法通过一本书讲清楚所有问题。如果你在学习过程中遇到疑问，或者有更好的灵感和创意，欢迎通过以下方式与我取得联系：

新浪认证微博“郑才千”

微信公众号“郑才千”（zhengcaiqianvip）

头条认证号“郑才千”

抖音号“郑才千”（geniuscaiqian）

郑才千

2018年3月

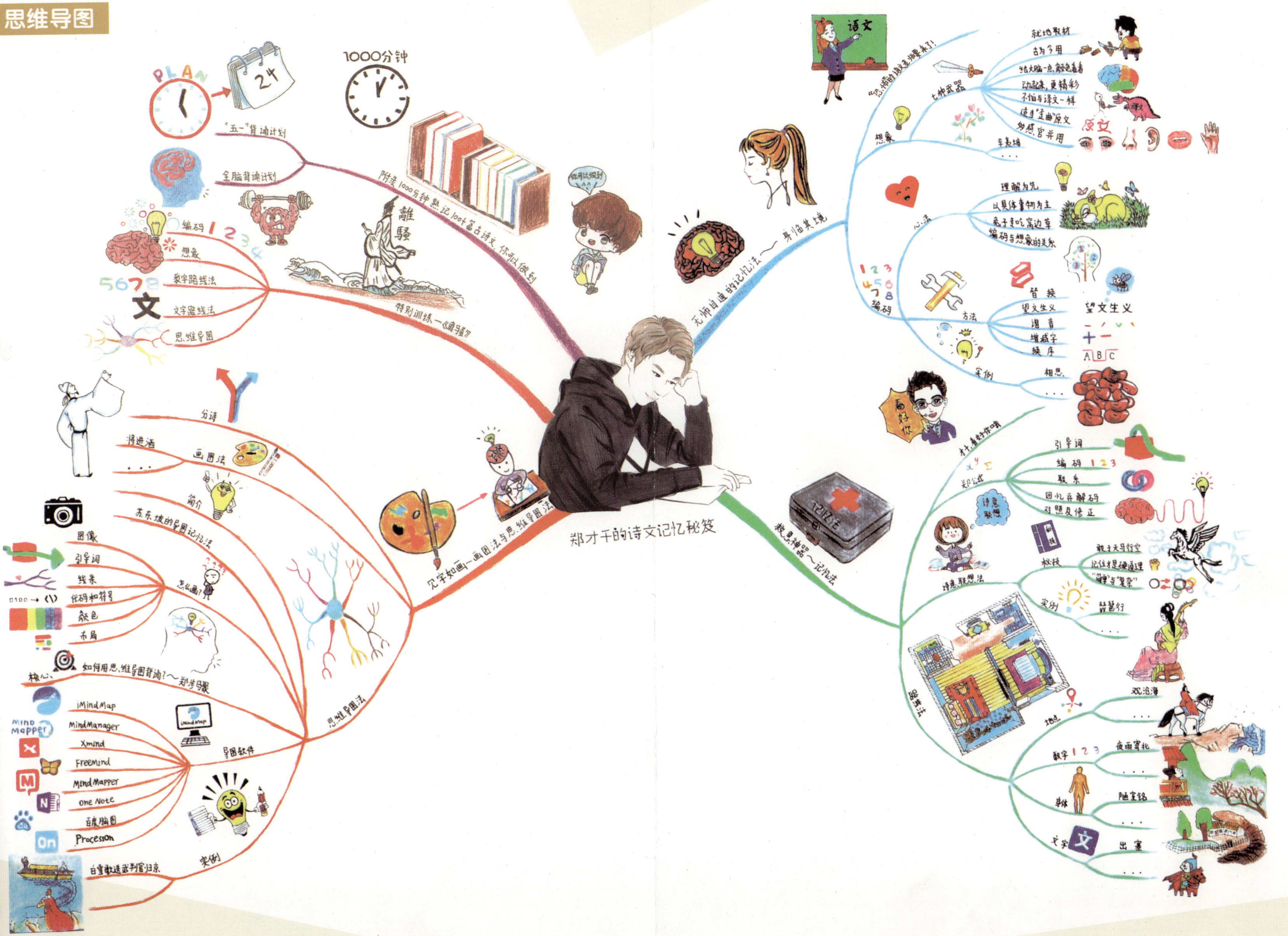
郑才千的诗文记忆秘笈
PLAN
24
1000分钟
"五一"背诵计划
全脑背诵计划
附录1000分钟熟记100+篇古诗文，你可以做到
你可以做到
離騷
编码 1 2 3 4
想象
数字路线法
5678
文
文字路线法
思维导图
特别训练—《离骚》
分诗
将进酒
...
画图法
简介
苏东坡的导图记忆法
图像
引导词
线条
0100 → 〈\〉
代码和符号
颜色
布局
怎么画?
核心、如何用思维导图背诵!～郑步骤
iMindMap
MindManager
Xmind
FreeMind
MindMapper
One Note
百度脑图
Processon
mind mapper
On
导图软件
实例
白雪歌送武判官归京
思维导图法
见字如画～画图法与思维导图法
无师自通的记忆法——身临其境
语文
"恐怖的语文老师要来了!"
七种武器
就地取材
古为今用
给大脑一点颜色看看
动起来，更精彩
不怕与译文一样
适当"歪曲"原文
多感官并用
原文
想象
辛夷坞
...
心法
理解为先
以具体事物为主
兔子要吃窝边草
编码与想象的关系
1 2 3 4 5 6 7 8
编码
方法
替换
望文生义
谐音
增减字
换序
望文生义
A B C
实例
相思、
...
看好你
才子，看好你哦
郑公式
引导词
编码 1 2 3
联系
回忆并解码
对照及修正
诗意联想
诗意联想法
秘技
骑着天马行空
记住才是硬道理
"简单"与"复杂"
实例
琵琶行
...
救急神器～记忆法
记忆法
路线法
地点
观沧海
...
数字 1 2 3
夜雨寄北
...
身体
陋室铭
...
文字
文
出塞
...

目录 Contents

第一部分

无师自通的记忆法——身临其境

目录

Contents

目 录

Contents

目录

Contents

目 录

诗文目录

（按音序排序）

诗文目录

诗文目录

PART ONE

第一部分

无师自通的记忆法——身临其境

每一个人都是天才，在日常的学习、生活中，我们无师自通的某些“小伎俩”其实就蕴藏着无比强大的方法……

（一）“恐怖”的语文老师要来了

高中分班时，我左右摇摆。进入政治历史班的第一天，看着第二名比我少了50分的差距和并不熟悉的同学，傲娇的我决定连夜改回物理化学重点班！然而，在物理化学重点班和一帮理科宅男百无聊赖地待到了期末，对于聊天永远只有体育、军事和政治三个话题（连美女都不感兴趣吗？你是在逗我？也是，理科班哪里有美女啊。）的生活和高考不能报考文学院的规定，我十分绝望。欣闻政治历史重点班即将组建，我不禁“漫卷诗书喜欲狂”，我做出了一个重大决定——再次改科！

我看着物理化学重点班前十名的奖状和成绩单笑了笑，把它们塞进书包——这些成绩已经和我没有关系了。我跑到一楼找年级主任——我高一入学时的政治老师。

“王老师，您好！我是郑才千，那个……我想改科，改政治历史。”

“哎呀，是才千啊，这边坐。你确定改了？你在理科班不是学得挺好的吗？”

“嗯，我想好了。”

“行，下学期有政史重点班，你直接进重点班吧！”我听完暗自窃喜：看来我之前文科傲人的排名还是给老师留下了很深的印象。

“好的，谢谢王老师。对了，这个是暑假作业吗？”我指着桌上一沓卷子一样的东西问。

“嗯，给你一份吧，下学期加油哦！”

“嗯，我会努力的，谢谢王老师！”

…………

我走出办公室，心情非常愉悦，边走边打开了暑假作业：这里面不仅仅有卷子，好像还有语文书。不对啊，我们学校啥时候这么穷了：教材都买不起，要自己印刷语文书？仔细一看，原来是下学期语文书里面的古诗词部分。这意思是要我们暑假直接背完？虽然我记忆力不错，但是我还准备暑假看《天龙八部》呢，我可不想背。但转念一想：郑才千，你装什么正经，扪心自问，上学以来，你哪次暑假作业完成了？今朝有酒今朝醉，甭想了……

虽然我不打算背古诗词，但是我的政治、历史落下那么多，是必须要补的，我去文科班是要实现我的光荣与梦想，可不想去了被吊打。于是，我跑到老同学家去借笔记。

“郑才千，你怎么来了？”

“哎呦喂，不欢迎我呀？不是想你了嘛！”

“少贫嘴，我看你是想我那个同桌了吧？我听说了，你放着理科班前十名成绩不要，要来我们班啊！”

“厉害厉害，原来你都知道了。我这不是热爱学习嘛！跟你借笔记用用，取取经啊。”

“我知道？我看全年级都知道了！你这种胡乱改科的神经病谁不知道啊？笔记我找给你啊，你等下。哎呦喂，你手里面拿的是啥，暑假作业？我没看错吧，你还会做暑假作业呀？”

“哎呀，说了我热爱学习嘛，你还不信。对了，你说这些古诗要背吗？”

“反正我应该要背吧，下学期语文老师应该就是我们班现在的语文老师。”

“什么？你没有逗我吧？”这个消息对我而言如同晴天霹雳。

“你咋了？”

“太恐怖了，太恐怖了！你是不知道啊，那次他给我们监考物理，让我们考前把书包拿走放在一起。你知道，我们物理化学重点班一般都是随便放放，因为没有人会作弊，作弊也不可能去看书，书有啥用啊？但是，他因为放书包这件事情凶了我五次，五次啊！直接导致我那次只考了140！”

“行了，你也不是天天150，别贫了，我们老师人很好的。”

“不跟你争了，反正……反正……我这次会好好背书的，谢谢你的笔记，我走了。”

回到家，怀着惴惴不安的心情，我打开了那本“语文书”。《李凭箜篌引》《渔翁》《闻乐天授江州司马》……嗯，还可以嘛……嗯，什么？《琵琶行》！！！有没有搞错！这也要背？这真是让我“垂死病中惊坐起”啊！更何况“凡六百一十六言”？现代文这么长也不算短了啊，还是古诗！这不是坑人吗？

让我背诵这么多内容，我是拒绝的。想到下学期要面对这么“坏”的语文老师，我决定——折腰！是的，我就是这么没有节操和底线。我开始想办法。人在屋檐下，不得不低头啊！

(二)想　象

说实话，我的记忆力还可以，前面的这些其实我强行记忆也是可以的。但是，“强记”这么多内容，想依靠一点小聪明就过目不忘是不太现实的。我想起了我以前看过的记忆法：让自己身临其境，充分想象具体的场景，让自己融入其中。

我开始尝试把自己代入诗歌的情境当中，想象自己就是作者，跟着作者的思路走到浔阳江头，在茫茫夜色之中给友人送行……就这样，我让自己完全进入《琵琶行》的世界之中，完整经历一遍“剧情”……然后，奇迹发生了，我居然读完一遍就背下来了！而且不仅可以正着背，还可以倒着背，整首诗就像电影一样可以在我脑海中随意播放！我感受到了这种方法的神奇。

白居易的诗歌相传“老妪能解”，自然是绝佳的记忆材料。下面以《琵琶行》的部分诗句为例，说说如何想象。

浔阳江头夜送客，枫叶荻花秋瑟瑟。

想象为：我到浔阳江送客，江边一片枫叶、芦花，秋风瑟瑟。

主人下马客在船，举酒欲饮无管弦。

想象为：我们主人下马，客人上船，举起酒杯要喝却发现没有music（音乐）。

醉不成欢惨将别，别时茫茫江浸月。

想象为：因此喝得不爽，心中凄惨，将要分别。临别时，茫茫江水浸透着水中的明月。

忽闻水上琵琶声，主人忘归客不发。

想象为：忽然听见水上传来琵琶声，主人忘却了回归，客人也不出发。

寻声暗问弹者谁，琵琶声停欲语迟。

想象为：寻着声源问弹琵琶的是谁，琵琶停了许久却迟迟没有动静。

这就是我当时简单的一个想象，大家可以发现这个想象并不是完全尊重原意的，有一些解释和修辞手法的运用被我改掉了，如果是诗歌翻译，这个肯定是要扣分的。为什么要这么做呢？因为无论一个人的古文基础有多好，也不可能和他的现代汉语在同一个水平。为了方便对某些句式和个别字词的准确记忆，我们有的时候需要一点点“望文生义”。比如说“主人下马客在船”和“秦时明月汉时关”这样的互文修辞，在记忆的时候尽量还是按照“望文生义”的方式分别记忆，这样可以避免发生记忆的错乱。

剩下的诗句就留给读者自己来小试牛刀。

想象的七种武器

想象人人都会，但是我们这里的想象是专门为了记忆服务的，所以在想象的时候需要注意以下几点。

1. 就地取材

诗歌是一种讲究意象的文学形式，意象在我们这里可以简单理解为各种各样的图像（实际情况当然比这个复杂多了）。既然诗歌本身就有图像，那事情岂不是简单很多？没错！很多时候，我们只需要从诗歌里面就地取材，去找找图像，想象一下，就可以了。

最典型的就是被苏轼评为“味摩诘之诗，诗中有画；观摩诘之画，画中有诗”的王维！

诗？画？想象？我们要的不就是在大脑当中出现与诗的内容有关的具体形象吗？王大诗人、王大画家已经给我们准备好了，那还等啥？

2. 古为今用

古诗，顾名思义是古代的诗，里面讲了很多古代的事物。这些事物有的经过解释和一些图片还原，我们可以搞清楚它们的具体情况。但是，也有很多事物，我们由于手头资料有限或者时间紧张而无法搞清楚，这个时候，我们可以大胆借用现在的事物来进行想象，不必过于严格。

3. 给大脑一点颜色看看

想象的时候，我们要尽量贴近生活实际，想象中的事物尽量五彩缤纷，给大脑一点颜色看看。看了现在的彩色电影，谁还会觉得老的黑白电影多么生动形象呢？

4. 动起来，更精彩

漫画和动画片哪个看起来更加轻松，让人印象更加深刻呢？显然，动起来，更精彩！我们可以让大脑中的画面动起来，这样就会使画面更加鲜活，给大脑留下更加深刻的印象。

5. 不怕跟译文一样

有些读者会想，我的想象似乎和译文差不多，那这个还算一种方法吗？其实，想象本来就应该以原文的意思为基础。我当时背诵《琵琶行》的时候，90%以上的想象都和原文基本一致。想象的核心在于要让自己身临其境，进入诗歌描绘的世界，达到这个目的即可。对于某些容易理解的作品，比如相传“老妪能解”的白居易的作品，完全可以按照译文来进行想象。

6. 适当“歪曲”原文

我们想象的目的，最终是要把原文记忆下来。所以，有的时候为了记忆的方便，可以通过谐音、“望文生义”等方法来进行想象。不用怕影响理解，因为其实通过看翻译大家都可以理解原文，记忆才是难的。

7. 多感官并用

在想象的时候，如果可以在视觉图像之外同时感受到听觉、嗅觉、味觉、触觉等多重刺激，比如《琵琶行》中的琵琶声、宴席菜肴的香味……那么，你对于内容的记忆就会更加深刻。

实例

辛夷坞

王维

木末芙蓉花，山中发红萼。
涧户寂无人，纷纷开且落。

译文

枝条顶端的木芙蓉花（即辛夷花），在山中绽放红色的花萼。

涧口寂静无人，花儿纷纷扬扬兀自开放又落下。

记忆方法

木头的末端开出了芙蓉花，在山中化作了红色的花萼。

山涧寂静没有人，只有花纷纷从四周落下。

在记忆的时候，我们只需要尽可能让脑海中出现这些具体的形象，诗歌的内容就可以轻松浮现。对于内容形象生动的诗歌，这一方法非常简单有效。

秋词

刘禹锡

自古逢秋悲寂寥，我言秋日胜春朝。
晴空一鹤排云上，便引诗情到碧霄。

译文

自古以来碰到秋天都会让人感到悲伤寂寥，我却认为秋天要胜过春天。

万里晴空中，一只鹤飞在云上，便引发我的诗兴到了蓝天上。

记忆方法

自古以来每逢秋天人们就悲伤寂寥，我却觉得秋天胜过春天。晴空万里，一只仙鹤在天上飞得很优美，我不禁诗兴大发。

赤壁

杜牧

折戟沉沙铁未销，自将磨洗认前朝。
东风不与周郎便，铜雀春深锁二乔。

译文

折断了的铁戟沉没在水底的沙中，还没有销蚀掉，我自己磨洗后发现这是前朝赤壁之战的遗留之物。

假如东风不给周瑜以方便，当年恐怕是曹操把二乔关进铜雀台。

记忆方法

唐代的赤壁上有独木（杜牧）桥。折断的画戟沉到沙里，铁还没有销蚀，把画戟磨洗一番还可以认出是三国的兵器。三国时，如果东风不给周瑜方便，恐怕周瑜的老婆和大乔就要被铜雀台锁进春天的深处。

滁州西涧

韦应物

独怜幽草涧边生，上有黄鹂深树鸣。

春潮带雨晚来急，野渡无人舟自横。

译文

我怜爱生长在涧边的幽草，黄鹂在幽深的树丛中鸣叫。

春潮夹带着暮雨流得湍急。荒野的渡口没有人，只有小舟横向江心。

记忆方法

我只可怜那草在幽暗的江边生长，上面的黄鹂也在树上替它哀鸣。

春天江边的水涨潮了，晚上还下着急雨。在这样的天气里，荒野的渡口没有人，只有小舟横向江心。

（三）编　码

既然依靠想象可以把《琵琶行》这样的“怪物”拿下，那么是不是我们的记忆大业就万事大吉了呢？显然不是！并不是任何内容都可以非常轻松地去进行想象的。每个人都有自己熟悉和擅长的领域，对于这个领域，我们都有着自己独到的理解，如果把这些理解变得更加趣味化一点，那么记忆就会容易很多。但是，遇到自己感觉比较困难的领域怎么办呢？毕竟，并不是所有的古诗词都是那么明白晓畅、形象生动的。诗歌语言从本质上来说就是讲究凝练，说得夸张一点：诗歌本来就是一种每一个字你都认识、合在一起你却完全看不懂的文学体裁。所以，碰到不那么好想象的情况是非常正常的。那么，怎么办呢？

我们可以有两种选择：

不断积累提高自己的文化修养与底蕴，或许十年八年之后你就茅塞顿开了，就可以轻松记忆了。当然，那时候可能考试也过去十年八年了。

或者，按照我们目前的粗浅理解进行相关的语义加工，让诗词变得更加容易想象和记忆。

好了，不用说了，如果你不是天赋异禀，却想在规定时间内记住大量诗词，用哪一种方法一目了然。

当然，有的人可能觉得：诗词这么美好的存在，我们就这样野蛮粗暴地搞定它们是不是不太好啊？是不是背离了文学的主旨啊？

那你是多虑了，我在大学就是学文学的。根据20世纪新出现的一种文学批评流派——英美新批评的观点，诗歌在被创作完成之后，就是独立于诗人存在的，每个人都可以有自己独家的解读。有的读者可能对于文学批评不是很了解，没有关系，在这里我也只是简略介绍而已，大家不用深究。简而言之，即便在专业的文学研究领域，我们也承认：你的就是对的！管他是李白、杜甫还是王维、白居易，你怎么开心怎么来就好了。

编码的心法

编码怎么样才能够编得好呢？首先要学会编码的心法。心法不是具体的方法，但是比方法更加重要，心中有剑比手中有剑更加重要！有了编码的意识，才能把方法运用好。

1. 理解为先

古诗毕竟是我国的文化瑰宝，理解是非常重要的。我们可以先借助注释、翻译等了解诗歌的大概意思，再进行编码。比如，通过仔细地查证，我们会发现“床前明月光”中的“床”是胡床

（当然，还有井台、井栏、窗等多种说法，对于这个问题，学界仍然没有定论），这时候，我们脑海中就可以呈现胡床的图像。

2. 以具体事物为主

在记忆的时候为了方便，我们最好把需要记忆的内容转化为形象的具体事物，比如“抽象”可以变成“用鞭子抽大象”，这样就会简单很多。那么，到底怎么样才算“形象”呢？我经常用一句话来教我的学生——“看得见并且摸得着”，达到这个标准就可以算，是不是很简单？

3. 兔子专吃窝边草

我们中国有句俗语叫作“兔子不吃窝边草”，在这里就不一样了，我们要尽量把眼前的诗歌内容转换为我们非常熟悉的事物，这样就可以降低我们记忆的难度。想象一下，你走在马路上，突然有一个推销员走过来自我介绍说：“您好，我叫×××，有兴趣了解一下我们家的×××吗？……”你对这个产品不感兴趣，礼貌拒绝之后就走了，那么过几天你还会记得他的名字吗？一般人很难。但是，如果他的名字和你某个朋友的名字只差了一个字，那么你可能会记得很久。

4. 编码与想象的关系

编码和想象是有紧密联系的。对于本身就有图像感的材料，我们可以直接进行想象。而对于某些特别难的材料，则无法直接进行想象，只能借助编码来赋予它们具体的画面。想象其实也可以算是编码的一种特殊形式。

编码的方法

下面来说说编码的时候可以用到的具体方法。

1. 替换

这是我最推荐的一种方法，也是大家可以无师自通的一种方法。比如，看到“十步杀一人，千里不留行”就想到李白，因为这是《王者荣耀》中李白的经典台词，也是李白《侠客行》中的名句。这就是一种替换。这种方法主要依靠记忆者自身的知识储备与思维方法，每个人的想法都不会一样。比如，其实这一句最早出自《庄子·杂篇·说剑》，所以如果是庄子的粉丝看到，第一反应则是庄子。这里没有对错，取自己的第一反应就是最好的。

2. 望文生义

限于我们目前的水平或者时间紧张，还是会有一些作品是无法深入理解但是必须背诵的，这时候我们可以采用望文生义的方法，从字面意思理解，“强行”编码，把它们变成容易理解的事物。当然，完成了记忆任务之后，还是要找机会补上理解这重要的一环。

还是以“床前明月光”为例，如果我们时间真的不够，马上就要记忆，那么我们就当“床”是现代的床也没有关系，后面再去找注释看一下就好了。

3. 谐音

这是近乎万能的一种方法，在你实在想不到别的方法的时候，可以试试这种方法，往往都会获得解决的办法。比如下文的《贾生》中，把“逐臣”转换为“轴承”，就是取一种谐音。大家经常在不知不觉中使用这样的方法，而且它也进入了很多人的思维深处。比如，电话号码、车牌号中带有8的被视为所谓的吉祥号码，就是因为8与“发”读音相近。

4. 增减字

这种方法属于专用武器，在适合的情况下有奇效，不适合的话也无法强行使用。而且很多时候需要配合其他方法一起使用。比如下文的《贾生》中把“才”同时使用谐音和增减字转换为“柴火”。

5. 换序

换序也是专用武器，把某些词语顺序颠倒、换位之后会化腐朽为神奇。比如“月明”，是在表述月亮的状态，但是“明月”则是一个非常容易在大脑当中呈现的形象，比“月明”更加容易记忆。

实例

贾生

李商隐

宣室求贤访逐臣，贾生才调更无伦。
可怜夜半虚前席，不问苍生问鬼神。

译文

汉文帝求贤臣，召见被贬的臣子。贾谊的才能无人能及。

两人见面却只是空谈半夜，令人叹息。汉文帝不问天下苍生，都在问鬼神之事。

记忆方法

宣室（宣誓）求贤（求仙）访（房间）逐臣（轴承）：宣誓请求仙人到房间找轴承。

贾生（夹生）才（柴火）调（调换）更无伦（无人）：饭夹生是因为柴火被调换，无人看管。

可怜夜半（搬）虚（需要）前席（前夕）：可怜的人夜里搬东西需要搬到日出前夕。

不问苍生问鬼神：不问苍生百姓，只问鬼神。

这个例子是比较极端的一个例子，基本上没有采用诗歌的本来意思。实际上，稍微理解一下原文，按照原文来进行编码也是可以的。比如，第一句可以记成：汉文帝求贤，宣示召见被贬的贾谊。只不过这样就显得略微平淡，对于基础不好的读者，记忆起来可能印象就不是那么深刻。

行宫

元稹

寥落古行宫，宫花寂寞红。
白头宫女在，闲坐说玄宗。

译文

寂寥冷落的古旧行宫，只有红艳的宫花寂寞地开放。

有几个满头白发的宫女在里面，闲坐谈论着唐玄宗。

记忆方法

寥落古行宫：鸟落在鼓上，鼓砸向行走的宫女。

宫花寂寞红：宫女拿花朵喂鸡，鸡吃完着了魔，全身通红。

白头宫女在：白头发的宫女在。

闲坐说玄宗：宫女边吃咸菜边说玄宗。

相思

王维

红豆生南国，春来发几枝。
愿君多采撷，此物最相思。

译文

红豆生长在南方，春天来了，不知生出多少枝。

希望你多多采集，这物件最引人相思。

记忆方法

红豆生南国：红豆成精，生出了蓝色蝈蝈。

春来发几枝：春天到来，发髻引来知了。

愿君多采撷：田园里有很多细菌，多到相互踩到对方的鞋子。

此物最相思：陶瓷里的物品能醉倒大象，大象就死了。

渔歌子·西塞山前白鹭飞

张志和

西塞山前白鹭飞，桃花流水鳜鱼肥。
青箬笠，绿蓑衣，斜风细雨不须归。

译文

西塞山前白鹭翱翔，桃花盛开时流水涨潮，其中的鳜鱼非常肥美。

一位老翁戴着青色箬笠，披着绿色蓑衣，冒着斜风细雨，悠然自得地垂钓，下雨了都不回家。

记忆方法

渔歌子：渔民儿子唱歌。

张志和（唐代）：脸上长痣的和尚在吃糖。

西塞山前白鹭飞：西面堵塞，因为有3 000只白鹭在飞。

桃花流水鳜鱼肥：桃花在流动的水面上被肥鳜鱼吃了。

青箬笠，绿蓑衣：年轻的萝莉穿绿色的缩水的衣。

斜风细雨不须归：刮邪风下细雨，不允许乌龟回家。

水调歌头·明月几时有

苏轼

丙辰中秋，欢饮达旦，大醉，作此篇，兼怀子由。

明月几时有？把酒问青天。不知天上宫阙，今夕是何年。我欲乘风归去，又恐琼楼玉宇，高处不胜寒。起舞弄清影，何似在人间。

转朱阁，低绮户，照无眠。不应有恨，何事长向别时圆？人有悲欢离合，月有阴晴圆缺，此事古难全。但愿人长久，千里共婵娟。

译文

丙辰年中秋节，高兴地喝酒喝到第二天早晨，大醉，写了这首词，同时思念弟弟苏辙。

明月从什么时候起才出现的？我端起酒杯问苍天。不知道天上的宫殿，现在是何年何月。我想要乘着清风回到天上，又恐怕在玉砌成的楼宇中受不了高处的寒冷。翩翩起舞，玩赏着月下的清影，哪像是在人间。

月亮转过朱红色的楼阁，低低地挂在雕花的窗户上，照着无睡意的自己。明月不应该对人们有什么怨恨吧，为什么偏在离别时才圆呢？人有悲欢离合的改变，月有阴晴圆缺的变换，这种事自古来难以周全。只希望这世上所有的亲人能健康，相隔千里也能一起欣赏这美好的月光。

记忆方法

明月什么时候有？我举起酒杯问青天，不知道天上的宫殿，今天晚上是什么年份？我想乘着风归去天上，又害怕玉做成的楼宇，高度太高受不了寒冷。在那里起舞弄着孤独的清影，哪里比得上人间。

月光转过朱阁，越过窗户，照着睡不着的我。月亮不应该恨我吧，为什么总在我离别时圆满呢？人有悲欢离合，月有阴晴圆缺，这种事情自古就难以完美。希望人可以活得长久，千里外共同看月色的美丽。

忆江南

白居易

江南好，风景旧曾谙。日出江花红胜火，春来江水绿如蓝。能不忆江南？

译文

江南的风景美好，如画的风景早就熟悉。太阳从江面升起，把江边的鲜花照得比火还红，碧绿的江水绿得胜过蓝草。怎么能叫人不怀念江南？

记忆方法

江南真是好，风景就让人暗暗称奇。太阳从江上升起比火还红，春天的江水绿得超过蓝草。怎能不回忆江南？

行路难·其一

李白

金樽清酒斗十千，玉盘珍羞直万钱。
停杯投箸不能食，拔剑四顾心茫然。
欲渡黄河冰塞川，将登太行雪满山。
闲来垂钓碧溪上，忽复乘舟梦日边。
行路难！行路难！多歧路，今安在？
长风破浪会有时，直挂云帆济沧海。

译文

金杯中的美酒一斗值十千，玉盘里的珍贵菜肴值万钱。

心情愁烦，使得我放下杯筷不能进餐。拔出宝剑，环顾四周，心中茫然。

想渡过黄河，坚冰堵塞大川；想登太行山，大雪遍布高山。

像姜太公垂钓于磻溪，闲待文王前来访贤；像伊尹做梦乘船经过日边，受聘在商汤身边。

人生的道路何等艰难！何等艰难！歧路这么多，真正的大道在哪儿？

坚信乘风破浪的时机定会到来，到那时将扬起征帆远渡沧海。

记忆方法

金杯子里装了十千吨美酒，玉盘子里珍贵的美食值数十万钱。

停下来拿起杯子，结果有人扔进去一只猪（箸）导致不能吃了。生气地拔出剑往四周看，但找不着人，很茫然。

想去黄河的另一边，结果被冰山挡住了；想去太行山，结果山上下满了雪。

没办法，就去碧溪上钓鱼，结果舟滑到了太阳边。

太阳边的路很难走，有很多岔路，今天就选择安全的地方走。

刚走了一步就引发机关，刮来了一阵大风，吓得我举起帆布来投降。

PART TWO

第二部分

救急神器——记忆法

时光荏苒，我高考考入了中国人民大学文学院。与很多人的想象大相径庭，文学院并不需要背诵很多古诗词，更需要的是批判性的解读和评论。虽然本专业不需要大量背诵，但是我却阴差阳错地接到了很多非常棘手的记忆任务，经历比之前更加惊心动魄。

（一）才千，我们大家都很看好你哦

我从小就自以为有一点小聪明，但是又深知自己不够聪明，所以就经常想捣鼓一些“聪明大法”“聪明宝典”之类的东西。但是，中小学时间都比较紧张，阅读资源也少。等上了大学，我终于可以“放飞自我”了。我跑图书馆里面看了好多书，知道了一个叫做“世界脑力锦标赛”的东西，然后还参加了相关的培训，想去借机“勾搭”老选手，好知道怎么参加比赛。

在培训班上，我入学测试得了满分，结业测试也是满分。要知道，班上主要是中关村地区名牌高校的学生，比如北大、人大、清华、北航、北理工等的学生，而取得如此成绩的仅我一人。所以，老师也格外重视我，认为我很有当年就参加比赛的潜质，并且把我作为优秀学员代表带去各大高校一起宣讲，“勾搭”老选手看来已经取得了成功。

在问大家想背什么书的时候，大多数人都选择了老师们会背的《道德经》，只有我选择了《唐诗三百首》。前者五千字，后者近两万字……

所谓“人怕出名猪怕壮”，很快，一个“特别任务”找到了我。

那天刚下课，手机铃声响起：“喂，才千吗？您晚上来一下公司吧，对，今天晚上，我们技术总监找。”

“哦哦，好的。”

技术总监？还今天晚上？现在已经下午了呀，这么急？什么事情呢？

晚上，我来到了公司。技术总监说：“才千，久闻大名啊，听说你要背《唐诗三百首》？”

“嗯，是的。”

“是这样的，我们暑假想请你来我们的宣讲会展示一下《唐诗三百首》，之前大家都是《道德经》，那个只有五千字，我们想升级一下。你之前的表现我早听说了，也很期待你来助阵。”

“谢谢老师，不过，那个，我、我还没有背完。”

“没事，以你的能力肯定没有问题的。才千，我们大家都很看好你哦！”

“嗯，好的，好的，我会努力的。”

厉害了，我要背《唐诗三百首》的事情怎么会传到总部去？我哪里是没有背完啊，我是压根儿还没有开始背啊！我这个人本来就很懒，最近又忙着期末考试，八字还没一撇呢。

没办法，我忙完期末考试就赶紧制订了一个背诵计划。我大概看了一下，这本书如果连页码带内容都记下来，需要四五个小时，一天之内就可以搞定，但是这样太乏味，所以我分成六天完成了这个记忆任务，每天花40多分钟。

（二）郑公式

要在短时间内完成大批量的记忆任务，依靠死记硬背当然是不现实的。于是，我祭出了记忆法这个神器。那么，到底该怎么做呢？现在，我将它总结成一个“郑公式”，我们只需要按照要求填满公式，就能出结果啦！

选择引导词

格式塔心理学告诉我们，人是具有整体化、简化处理图形的倾向的。当一个不完整的图形出现时，我们会自动将其补全，使其变成一个完整的、常见的整体图形。比如，当你看到一个仿佛是“三角形”，但“三角形”的边上又有一个缺口的图形时，你仍会倾向于将它识别为一个三角形。

同样，我们每个人都有基础的记忆能力。一般来说，我们都可以通过几个词、几个字就回忆出整个一句的内容，所以我们需要选择几个可以引导我们回忆出整体内容的词。比如，“床前明月光”里面，我会选择“床”和“月”。由于知识结构和思维方式的差异，每个人找的引导词可能不一样。那么，怎样判断自己是不是找对了引导词呢？很简单，你可以把引导词写在一张纸上，如果看着这些词就可以完整回忆出整个内容，就没有问题。如果不行，就说明还需要进行调整。

编码

根据我们对于诗歌内容的理解，把复杂的转化为简单的，把抽象的转化为形象的。当然，对于本来就很形象的，比如“床前明月光”这样的，诗歌内容非常具象化，本身就是一种编码。而编码的方法在前面的章节有详细的阐述，这里不再赘述。

联系

把材料转化为编码之后，我们就需要给它们建立前后联系。在这里，我们主要采用诗意联想法和路线法，下面会详细讲述。

回忆并解码

回忆刚才输入大脑的一系列信息，把回忆出的信息还原成诗歌原文。

对照修正

如果诗歌内容较难，可能出现回忆的结果和原文不完全一样的情况，那么这个时候，我们就需要对照原文进行修正。

这就是我的记忆公式，可以称为“郑公式”。任何一首诗，只要按照这个公式，都可以顺利完成记忆。

（三）诗意联想法

我们知道，大部分古诗并不长，比如唐诗，主要分为四句的绝句和八句的律诗，一般是五言或者七言。所以，我们结合诗意进行一些简单的联想就可以记住。当然，也需要用到我们前面提到的编码的方法。联想的方法当然也适用于宋词、元曲等。

这种方法和前面的想象、编码有什么关系呢？简而言之，这种方法是以前面两种方法为基础的。对于某些诗歌，需要对诗歌场景进行充分而深入的想象；而对于某些诗歌，还需要进行编码。除此之外，还要给这些经过处理之后已经非常容易记忆的材料加上一点人为的前后联系，这样就可以在记忆这些诗歌的时候更加连贯。

这种联系先从诗歌本身的意思出发，然后可以结合自己的生活实际进行联系，不用拘泥于诗歌内容。

诗意联想法的秘技

1. 敢于天马行空

我们在记忆的时候如果拘泥于诗歌原意，就会变成背诵诗歌的解释。诗歌的解释是什么，不就是一篇现代文吗？现代文好背吗？好像并不是，《背影》《荷塘月色》……好像也不是那么好背。至少，很少有人大学毕业之后还能完整背出这些文章。

所以，我们要敢于进行各种天马行空的联想，在诗歌内容之外加上各种有趣、鲜活、时尚、接地气的内容来帮我们进行深刻的记忆。

2. 能记住才是硬道理

我们在联想的时候为了方便记忆，有的时候可能会偏离诗歌原意，这时候不必忐忑不安。诗歌的大概意思，只要看了解释，人人都能懂（至于深入的赏析，则不是看两遍就可以的，而是需要看很多参考文献的，甚至某些作品的真正主旨至今都没有定论，典型的例子就是李商隐的很多无题诗，所以这个问题不在本书的讨论范围），背诵大量诗歌才是有难度的。所以，无论你想到了什么，是否与诗歌原意有关，都无所谓。能记住才是硬道理！

3. “简单”与“复杂”的辩证法

由于在诗歌内容之外加上了各种联想，如果诉诸文字，我们联想的内容在字数上肯定会比译文更多，看起来似乎更加“复杂”，那是不是意味着有的时候反而不好背呢？

其实，这个问题非常好理解。如果让你背诵两篇文字材料，比如1 000字的故事和700字的法律条文，你觉得哪个更加好背呢？一般来说肯定是前者！所以说，字数或者联想的内容的多少不是关键，关键是要给大脑生动、活泼的形象。

实例

五言绝句

送上人

刘长卿

孤云将野鹤，岂向人间住。
莫买沃洲山，时人已知处。

译文

你像孤云和野鹤，怎能在人世间住宿？

（要归隐）请不要买沃洲名山，那是世人已经知道的去处。

记忆方法

孤云里飞出野鹤，野鹤一起（岂）冲向人间的猪（住）。人们摩（莫）拳擦掌要买下野鹤，养在肥沃的舟山（洲山）群岛，因为当时的人们已经知道这是养鹤的最佳处所。

绝句

杜甫

迟日江山丽，春风花草香。
泥融飞燕子，沙暖睡鸳鸯。

译文

春日迟迟，江山秀丽，春风带来花草芳香。

泥土湿润，飞起来的燕子衔着它筑巢，暖和的沙子上睡着鸳鸯。

记忆方法

迟来的太阳将江山晒得很美丽，山上春风吹拂，花草飘香。花草间的泥融化，飞出了燕子，燕子衔来了沙子，筑成了暖窝，里面睡着鸳鸯。

鹿 柴

王维

空山不见人，但闻人语响。
返景入深林，复照青苔上。

译文

空寂的山中看不见人，只听到一阵人语声。

太阳的余晖返入深林，又照到林中青苔上。

记忆方法

我和鹿在空空的山上看不见人，但是闻到美人鱼的体香（响）味。跟着香味返回进入森林，看见美人鱼浮（复）在青苔上。

鸟鸣涧

王维

人闲桂花落，夜静春山空。

月出惊山鸟，时鸣春涧中。

译文

人声寂静，桂花轻轻飘落。春天的夜晚格外安静，山谷更显空寂。

明月升起，惊动山中的鸟儿，鸟儿清脆的鸣叫回荡在春天的山谷中。

记忆方法

人在闲时看见桂花落下，想在夜深人静的时候去春山看桂花，却发现山是空的。终于，月亮出来了，惊动了山鸟，山鸟时不时在春天的涧水中鸣叫。

五言律诗

使至塞上

王维

单车欲问边，属国过居延。
征蓬出汉塞，归雁入胡天。
大漠孤烟直，长河落日圆。
萧关逢候骑，都护在燕然。

译文

（我）轻车简从想去慰问边疆，路经的属国已经远过了居延。

我就像蓬草飘出汉塞，又像北归的大雁翱翔在胡人的天空。

沙漠中孤烟直上，黄河边落日浑圆。

到萧关遇见骑马的侦察兵，都护正在燕然前线。

记忆方法1

我骑着单车要去慰问边疆，国境对面也想要单车，但是这单车属于国家（属国），怎么可以让它出汉（出汉塞）而入胡（归雁入胡天）？大漠那么热，车轱（孤）辘都要冒烟；长河一淹，车轱辘一变形，就不会像落日那么圆了。恰逢猴急（候骑）的路人都护着单车，才平安到达，看到祖国人民的嫣然（燕然）一笑。

我们注意到，这里并没有反映出诗歌中所有的字。这就是我们诗意联想法的要点，我们并不需要把每一个字都进行编码，因为我们只要对事物有一个基本的印象，就可以通过部分信息回忆出整体信息，所以我们只需要找到一些引导词，就可以帮助我们回忆出全部的诗歌内容。

记忆方法2

骑着单车去边疆的鼠（属）国征战，到了棚子里休息了一会儿后就出来。把一只大雁扔入对面的天上，结果砸到大漠里着火啦，冒出了一道直烟。为了灭火引来了长河水，结果吓疯了周围的猴子（逢候骑），它们都在拼命地保护燕子。

送杜少府之任蜀州

王勃

城阙辅三秦，风烟望五津。
与君离别意，同是宦游人。
海内存知己，天涯若比邻。
无为在歧路，儿女共沾巾。

译文

长安城由三秦之地拱卫，透过风云烟雾遥望五津之地的蜀州。

和你离别，心中怀着无限情意，因为我们都是在宦海沉浮之人。

只要在世上还有你这个知己，就算在天涯也像近邻一样。

不要在岔路口上分手的时候，像小儿女那样让泪水沾湿衣裳。

记忆方法

一个宫女称自己为臣妾（城阙），扶（辅）了三次要摔倒的秦始皇，然后疯疯癫癫（风烟）地往一个五金（津）店跑了过去。在五金店与君主离别，因为大家同是喜欢旅游（宦游）的人，所以还会再见的。宫女在大海里面有一个知己，这个知己经常去天涯论坛上说自己貌若天仙，比所有邻居都好看，突然发现自己整天什么都没干，只能起床去铁路沿线流浪，儿女们发现后都拿着毛巾哭成了泪人。

望岳

杜甫

岱宗夫如何？齐鲁青未了。

造化钟神秀，阴阳割昏晓。

荡胸生层云，决眦入归鸟。

会当凌绝顶，一览众山小。

译文

巍峨的泰山如何雄伟？走出齐鲁也依然可见那青青的峰顶。

自然汇聚了天地的神奇秀美，山南山北分隔出清晨和黄昏。

层层白云荡涤着胸中丘壑，睁大眼睛好让翩翩归鸟映入眼角。

一定要登上泰山顶峰，俯瞰群山，会觉得群山都很小。

记忆方法1

神行太保戴（岱）宗最近如何？原来，他跑到齐鲁大地上去会见他的亲人了。他为了准备礼物，造了一个大钟，时间长了，钟生锈（秀）了，于是用阴阳剑法去割上面的锈。戴宗的亲人想去看大钟，就摇荡着大熊（胸）玩具升空到了云层（层云）里。云上还是不稳，他决定自己找一只大鸟载着自己。当飞到了绝顶高峰，往下一看，众山都显得很小。

记忆方法2

杜甫去泰山玩，看看泰山（岱宗）到底如何雄伟。齐鲁大地上，青青泰山果然是没完没了，没有尽头。齐鲁的造化神创造神奇秀丽的景色，还用阴阳图割裂黄昏和清晨。这些景象激荡在杜甫胸中，生出层层白云，杜甫在白云中决定自己施法进入一只归鸟。他跟着归鸟登上泰山顶峰，在泰山顶上看到其他山都感觉很渺小。

次北固山下

王湾

客路青山外，行舟绿水前。

潮平两岸阔，风正一帆悬。

海日生残夜，江春入旧年。

乡书何处达？归雁洛阳边。

译文

客行在青山外，在碧绿的江水前行舟。

潮水涨满，两岸之间水面宽阔，顺风行船，恰好把帆儿高悬。

夜幕还没有褪尽，旭日已在江上冉冉升起；还在旧年时分，江南已有了春天的气息。

寄出的家信不知何时才能到达，希望北归的大雁把它带到洛阳。

记忆方法1

我拿着个刻录（客路）机跑到了青山的外围，上了一条小舟，轧着绿绿的水葫芦前进。突然，涨潮了，水岸两边变得宽阔了很多。这时，来了一阵风，把我小舟上的帆吹得动起来。这时，海上升起了太阳，而夜色还没有褪尽。再看看江南，已经是春天，马上就要辞旧迎新过年了。到了目的地，我问新来的乡委书记什么时候到达，他们告诉我要等到乌龟（归）和大雁走到洛阳的时候。

记忆方法2

王湾在路上捡到了一瓶可（客）乐边走边喝，走到青山山脚下时，一只龙舟从山上掉了下来，吓得王湾连忙跳进了湖水里。忽然，湖水涨起了潮，在这命悬一刻的时候，王湾抓到枯叶的藤爬了起来。这时，蒋（江）欣走了过去，扔给王湾一件旧衣和一封家书。王湾望着天上的雁，想起了洛阳。

春望

杜甫

国破山河在，城春草木深。
感时花溅泪，恨别鸟惊心。
烽火连三月，家书抵万金。
白头搔更短，浑欲不胜簪。

译文

国家破碎，只有山河依旧，春天的长安城荒草丛生。

感伤国事，不禁流泪，满怀离愁别恨之时，鸟鸣令我心悸。

战火硝烟连绵三月，家书抵得上万两黄金一般珍贵。

白发越搔越短，简直要不能插簪了。

记忆方法

中国的山边和河边环境很好。城市里就不一样了，春天的时候草木里有很多细菌和病毒。感冒的时候再怎么流泪也别去看鸟儿，一旦互相传染，病毒风风火火能延续三个月，家里面花万两黄金也治不好。最后，一家人的白头发越搔越短，都不能插簪子了。

过故人庄

孟浩然

故人具鸡黍，邀我至田家。
绿树村边合，青山郭外斜。
开轩面场圃，把酒话桑麻。
待到重阳日，还来就菊花。

译文

老朋友预备了丰盛的饭菜，邀请我到他家。

翠绿的树林围绕着村落，青山在城外横卧。

推开窗户面对谷场菜园，举起酒杯闲谈庄稼的情况。

等到重阳节时，再请您来观赏菊花。

记忆方法

老朋友玩吃鸡游戏很熟练（具鸡黍），邀请我去田里面架起电脑玩，说这样散热好。举目望去，周围都是绿树和青山。我们一开局，选择的人物就被对面扑（圃）倒了，我们只能喝酒吃桑葚。等到重阳节的时候，我们还来这里一边喝菊花茶、一边打游戏。

赋得暮雨送李胄/赋得暮雨送李曹

韦应物

楚江微雨里，建业暮钟时。
漠漠帆来重，冥冥鸟去迟。
海门深不见，浦树远含滋。
相送情无限，沾襟比散丝。

译文

楚江笼罩在细雨里，建业城正敲响暮钟。

雨丝细密，船帆沉重；天色昏暗，鸟儿飞得迟缓。

长江流入海门，深深不见，江边树木饱受雨滴润滋。

送别朋友，深情无限，沾湿衣襟的泪水仿佛江面雨丝。

记忆方法

楚江边下起了微雨，建业城夜幕降临，钟声响起。帆船上载着鸟，从海门急速过来，撞到了树。栽树之人对树的感情很深，拿着丝巾（襟）不断擦眼泪。

七言绝句

望洞庭

刘禹锡

湖光秋月两相和，潭面无风镜未磨。
遥望洞庭山水色，白银盘里一青螺。

译文

洞庭湖上的月光和水色交相辉映，湖面平静无风，如同未磨的铜镜。远远眺望洞庭湖的山光水色，仿佛洁白银盘里托着一枚青螺。

记忆方法1

湖面上波光粼粼，映出了秋天的月亮。月亮上的嫦娥在弹棉（潭面）花做新衣。嫦娥穿上新衣照镜，发现衣服腰（遥）部望上去有一个洞挺（庭）大的，她赶紧在那里缝补，绣上白银盘加上一枚青螺。

记忆方法2

湖面上浮出了大圆月，月亮在照镜子，镜子照到了月亮后的山水，山顶有人托着白银盘装着大青螺。

夜雨寄北

李商隐

君问归期未有期，巴山夜雨涨秋池。

何当共剪西窗烛，却话巴山夜雨时。

译文

你问我回去的日期，现在还没有确定。巴山的夜晚雨淅淅沥沥地下，雨水涨满了秋天的河池。

什么时候回到家乡，我们在西窗下一起剪烛。那时，我对你说说今晚在巴山作客时听着绵绵夜雨的心情。

记忆方法

君主问鬼（归）有没有妻（期），鬼说没有妻。因为巴山那夜下大雨，池子里的水涨满了，妻淹死了。鬼在河（何）里很伤心，就剪断了西边窗户的蜡烛，嘴里还一边说着巴山夜晚下雨的事。

登飞来峰

王安石

飞来峰上千寻塔，闻说鸡鸣见日升。
不畏浮云遮望眼，自缘身在最高层。

译文

飞来峰顶有座高塔，听说鸡鸣时分可以看见旭日升起。

我不怕浮云遮住远眺的视野，只因为我站在最高的地方。

记忆方法1

宋代的宰相王安石去登飞来峰，飞来峰上有一座画着千寻的高塔，听说在鸡鸣的时候可以看见太阳升起。而且不怕浮云遮住眼睛，因为身在塔的最高层。

记忆方法2

飞（第一句）升（第二句）不畏（第三句）高（第四句）。

第二种方法是一种比较省力的方法，只取每一句中的部分字词进行记忆。但是，如果你不能通过这些字词回忆出原文，那么不建议使用这种方法。

泊秦淮

杜牧

烟笼寒水月笼沙，夜泊秦淮近酒家。
商女不知亡国恨，隔江犹唱《后庭花》。

译文

月色和轻烟笼罩寒水和白沙。晚上，小船停泊在秦淮河，靠近岸上的酒家。

卖唱的歌女不知什么叫亡国恨，隔着江水仍在唱着《玉树后庭花》。

记忆方法1

一只猴子嘴里叼着烟还弄（笼）得满头汗（寒）水，这样子越弄（笼）越傻（沙）。就这傻样子还在夜晚出去赌博（泊），赌完后跑到秦淮河边的酒家喝酒。看到一个商人的女儿非常痛恨国王（亡国恨），对着江对岸的人唱歌抒发情感，非常好听，猴（后）子停（庭）下来给她送了一朵花。

记忆方法2

月（第一句）夜（第二句）时分，有女（第三句）在后庭种花（第四句）。

泊船瓜洲

王安石

京口瓜洲一水间，钟山只隔数重山。

春风又绿江南岸，明月何时照我还？

译文

京口和瓜洲只是一水之遥，钟山只隔着几重青山。

春风吹绿了大江南岸，天上的明月什么时候才能够照着我回家？

记忆方法1

北京门口的瓜长成了一片绿洲，被一条水管间隔开。孙中山（钟山）想来吃瓜，但是南京和北京隔着数重山。好不容易来了，发现春风吹绿了江南的河岸，万物复苏，想着下个月何时回家吃故乡的瓜。

记忆方法2

北京的人口很多，他们都爱喝西瓜粥，还要加点薏（一）米水。到了南京的中山（钟山）陵，也要爬数重山去喝。路上春风习习，绿意盎然，江南都是西瓜。想着何时可以带这些西瓜回去（还）煮粥喝。

无题·紫府仙人号宝灯

李商隐

紫府仙人号宝灯，云浆未饮结成冰。
如何雪月交光夜，更在瑶台十二层。

译文

紫府宫的仙人号称宝灯，仙酒未饮已经冻结成冰。

在这雪月交辉、明亮孤寒的夜晚，仙人却还在瑶台的十二层。

记忆方法

在一个全是紫色的府里，住着一位仙人，点着宝灯饮酒。没想到，酒很快就结成了冰。他索性在雪地对着月亮饮酒，酒醉之后感觉去了十二层的瑶台。

咏柳

贺知章

碧玉妆成一树高，万条垂下绿丝绦。

不知细叶谁裁出，二月春风似剪刀。

译文

高高的柳树长满了碧玉般的柳叶，柳枝垂下来好似万条绿色丝带。

细细的嫩叶不知道是谁的巧手裁剪出来的？原来是那二月的春风，它就像一把灵巧的剪刀。

记忆方法1

一块碧玉挂在树上很高的地方，突然掉了下来，砸到了绿柳丝上绑着的桃（绦）子。桃子上还沾着几片细叶，细叶很好看，不知道是谁裁出来的，可能是二月里的春风吧。

记忆方法2

化装（妆）扮成一颗树，长了很多绿色的细发。不知道这细发是谁剪的，原来是吹（春）风机吹的。

凉州词二首·其一

王翰

葡萄美酒夜光杯，欲饮琵琶马上催。

醉卧沙场君莫笑，古来征战几人回？

译文

葡萄美酒盛在精美的夜光杯中，歌伎们弹奏琵琶助兴催饮。

醉倒在战场上您也不要笑我，自古征战沙场，几人可以回来？

记忆方法

我把葡萄酒倒在夜光杯里面，喝完了还想喝枇杷（琵琶）水，马上催快递员。快递员说他醉倒在沙场，莫要冲他咆哮（笑），自古跟他打架的没有活着回去的。

代赠二首·其一

李商隐

楼上黄昏欲望休，玉梯横绝月如钩。
芭蕉不展丁香结，同向春风各自愁。

译文

黄昏独上高楼，欲望还休，楼梯横断，天上新月如钩。

蕉心没有展开，丁香却有结，它们同时向着春风各自忧愁。

记忆方法

黄昏时分我站在楼上想要休息，我顺着云梯登上月亮，我用钩子把芭蕉钩上来，结果钩上来的是丁香。没有吃的，所以我面对着春风很哀愁。

渭城曲

王维

渭城朝雨浥轻尘，客舍青青柳色新。
劝君更尽一杯酒，西出阳关无故人。

译文

渭城早晨的雨沾湿了轻尘，旅馆周围青青的柳树格外清新。

请你再干一杯饯别酒吧，向西出了阳关再也没有老朋友。

记忆方法

城里下了一场大雨，把尘埃冲走了。雨后，宿舍里冒出了柳树，大家吓得喝酒压惊，一边看太阳下山（太阳从西边下山），一边等老朋友。

早发白帝城

李白

朝辞白帝彩云间，千里江陵一日还。
两岸猿声啼不住，轻舟已过万重山。

译文

早晨，我辞别彩云缭绕的白帝城。千里之外的江陵，船行只要一天就到达。

两岸的猿声还在耳边不停啼叫，轻舟已驶过了万重青山。

记忆方法

小白的弟弟（白帝）辞了彩云间饭店的工作，想去打鱼。走了千里，发现江里珍贵的鱼鳞（陵）被换（还）了，一气之下提（啼）着两岸的猿猴，驾着轻舟过万重山去卖。

乌衣巷

刘禹锡

朱雀桥边野草花，乌衣巷口夕阳斜。
旧时王谢堂前燕，飞入寻常百姓家。

译文

朱雀桥边野草开花，乌衣巷口只有夕阳斜挂。

当年王导、谢安堂前的燕子，现在已经飞进寻常百姓家。

记忆方法

朱雀桥边的野草、野花长得特别大，草都长进了乌衣巷口，花瓣看起来都快触碰到夕阳，忘记了凋谢（王谢）。它们惹得燕子不愿飞走，百姓都来参观。

从军行七首·其四

王昌龄

青海长云暗雪山，孤城遥望玉门关。
黄沙百战穿金甲，不破楼兰终不还。

译文

青海湖上空的阴云遮暗了雪山，孤城和玉门关遥遥相望。

塞外身经百战的将士磨穿了盔甲，不打败进犯的敌人誓不回还。

记忆方法

王昌龄跟着军人一起到了青海，发现青海变成了雪山，雪山上有座孤城。王昌龄向孤城走去，发现孤城名为“玉门关”。王昌龄走进孤城，忽然黄沙漫天，打着他的黄金战甲。战甲是王昌龄赊账得来的，现在被黄沙弄坏了，只能找楼兰人帮他还钱。

天竺寺八月十五日夜桂子

皮日休

玉颗珊珊下月轮，殿前拾得露华新。
至今不会天中事，应是嫦娥掷与人。

译文

桂花好像是月上掉下来的，我拾起殿前洁白、新鲜的桂花。

我到现在也不明白吴刚为什么砍桂花树，桂花应该是嫦娥撒下来给予众人的吧。

记忆方法

传说过去有个叫做珊珊的美女从月亮下来，男生看到都踮起脚尖拾起露华浓的护肤品送给她。看过她的男生至今也不会对天下的女生中意，说珊珊应该是嫦娥扔下来送给地球人的。

元日

王安石

爆竹声中一岁除，春风送暖入屠苏。
千门万户曈曈日，总把新桃换旧符。

译文

轰鸣的爆竹声中，旧的一年已过去。和煦的春风吹来新年，人们饮着屠苏酒。

初升的太阳照耀着千家万户，大家都把旧的桃符换成新的桃符。

记忆方法

爆竹声中，旧的一年过去了。春风把温暖送入百里屠苏的家里，千门万户都看着百里屠苏在铜（曈）钱上的帅气头像度日。人们总是这样，看到新的帅哥，就换掉旧的帅哥。

闻王昌龄左迁龙标遥有此寄

李白

杨花落尽子规啼，闻道龙标过五溪。

我寄愁心与明月，随风直到夜郎西。

译文

杨花落尽，子规啼鸣，听说您被贬为龙标尉，地方偏远，要经过五溪。

我把忧愁的心寄托给明月，希望能随风一直陪着您到夜郎以西。

记忆方法

扬州花儿凋零，子规鸟哭哭啼啼。李白看到这个景象，又听说王昌龄被船拖着经过五条溪流，很是心痛。他非常发愁，就上月亮找嫦娥，请她用风把金疮药送给夜郎国西边的王昌龄。

七言律诗

无题·昨夜星辰昨夜风

李商隐

昨夜星辰昨夜风，画楼西畔桂堂东。
身无彩凤双飞翼，心有灵犀一点通。
隔座送钩春酒暖，分曹射覆蜡灯红。
嗟余听鼓应官去，走马兰台类转蓬。

译文

昨夜星光灿烂又凉风习习，酒筵在画楼西侧、桂堂之东。

身上没有彩凤双翅可以飞到一起，心里却像有灵犀一样息息相通。

隔着座位玩猜钩，喝春酒暖心；分组射覆，蜡灯泛红。

可叹，我听到更鼓要去官署应卯；骑马去兰台，就像飞转的蓬蒿。

记忆方法

昨天夜里，星星被大风吹，掉下来落到了画楼上，把桂花糖（堂）砸掉了。两只彩色的凤凰双双飞起，心有灵犀地一起隔着座位用钩子把糖钩起扔到酒里。结果，喝了酒的军曹射箭时把箭射到了衣服上（射覆），弄坏了衣服里包裹的蜡灯。有人为此击鼓报官，官人赶紧骑着马过来把他逮捕。最后，将军被变成了随风飞转的蓬草。

登高

杜甫

风急天高猿啸哀，渚清沙白鸟飞回。
无边落木萧萧下，不尽长江滚滚来。
万里悲秋常作客，百年多病独登台。
艰难苦恨繁霜鬓，潦倒新停浊酒杯。

译文

风急天高，猿猴啼叫显得非常悲哀。水清沙白的河洲上，鸟儿在盘旋。

无边无际的落叶萧萧飘下，没有尽头的长江水滚滚而来。

以悲伤的心情面对秋天，感伤自己万里漂泊、客行他乡。一生中各种疾病缠身，如今独上高台。

艰难苦恨让我双鬓皆白，颓废潦倒让我停下了借以浇愁的酒杯。

记忆方法

登高山时，风太急，把猿给吹下山，猿一路长啸哀叹。甚至吹得猪（渚）都显得很轻（清），鸟儿也只能往回飞。小鸟见天空广阔无边，只能落到树木下，结果又被没有尽头的长江卷了进去（滚滚来）。原本万里无云的秋天却是这番景象，令人悲哀。一百岁的杜甫被这天气气得病倒在桌台上。他因为这种艰难处境愁苦愤恨，一夜愁白了头发，穷困潦倒的他只能用浑浊的酒消愁。

钱塘湖春行

白居易

孤山寺北贾亭西，水面初平云脚低。
几处早莺争暖树，谁家新燕啄春泥。
乱花渐欲迷人眼，浅草才能没马蹄。
最爱湖东行不足，绿杨阴里白沙堤。

译文

走过孤山寺以北，漫步贾公亭以西。湖水涨潮与堤齐平，显得白云很低。
几只早出的黄莺争着向阳的暖树，谁家新飞来的燕子衔着春泥筑巢。
野花争相绽放，逐渐要迷住人的眼，浅浅的春草才刚刚能够遮没马蹄。
最爱在湖东步行欣赏看不够的美景，杨柳的树荫下还穿过一条白沙堤。

记忆方法

孤山上有一座寺庙，北门的贾跃亭在吃西瓜。西瓜滴了很多汁水，汇聚成的水面就像云被踩在脚底（低）的样子。脚底旁的几只黄莺争吵着飞到温暖的树枝上，树枝吸引了一群新生的小燕子来啄春泥。春泥里长出的乱花逐渐迷住骑马人的眼睛，地上浅浅的小草才能刚好淹没马的蹄子。马最爱向湖东前行，因为绿色的杨树树荫里还藏着好看的白沙堤。

秋兴八首·其一

杜甫

玉露凋伤枫树林，巫山巫峡气萧森。
江间波浪兼天涌，塞上风云接地阴。
丛菊两开他日泪，孤舟一系故园心。
寒衣处处催刀尺，白帝城高急暮砧。

译文

深秋的露水让枫树逐渐凋零、残伤，巫山和巫峡笼罩在萧瑟阴森的迷雾中。

江间波浪滔天，上空的乌云则像压到地面般阴沉。

花开花落已两载，让我想到多年的艰辛岁月，不免伤心落泪。小船系在岸边，就像我，虽在外地却心系故园。

处处都在赶制冬天御寒的衣服了，白帝城上黄昏时捣制寒衣的砧声一阵急似一阵。

记忆方法

雨（玉）做的露水从枫树林上掉下，吓到了巫山里面的武侠（巫峡），他喘气声很小（气萧森）。他来到江边，江上波浪滔天，风云四起。于是，他赶紧回到山谷，这里菊花盛开。他决定乘坐孤舟回到故乡的园子种菊花。因为寒衣太薄，他感觉仿佛处处有刀在割自己。终于到了白帝城，他急忙吃了点木（暮）耳和金针（砧）菇。

词·曲

相见欢·无言独上西楼

李煜

无言独上西楼，月如钩。寂寞梧桐深院锁清秋。

剪不断，理还乱，是离愁。别是一般滋味在心头。

译文

默默无言，独自一人登上西楼，天上只有一弯如钩的冷月。低头望去，梧桐树寂寞地立在院中，幽深的庭院笼罩在清冷秋色中。

剪也剪不断，理也还是乱的，是亡国离家之愁，是另一种不可名状的痛苦滋味缠绕在心头。

记忆方法

顺着屋檐（无言）独自爬上西楼，发现天上的月亮钩住了寂寞的梧桐树。梧桐树上的果子掉进了深院，差点砸到了青丘（清秋）狐。青丘狐捡（剪）个不断，吃到肚子里（理），感觉肚子乱七八糟的，非常发愁地去找卫生间，心中别是一般滋味。

虞美人·春花秋月何时了

李煜

春花秋月何时了？往事知多少。小楼昨夜又东风，故国不堪回首月明中。

雕栏玉砌应犹在，只是朱颜改。问君能有几多愁？恰似一江春水向东流。

译文

这年的时光什么时候才能结束？往事知道有多少！昨夜小楼上又吹来了东风，在皓月当空的夜晚，怎么承受得了回忆故国的伤痛。

精雕细刻的栏杆和玉石砌成的台阶应该还在，只是美人的容颜已经改变。要问我心中有多少哀愁，就好像一江春水滚滚东流。

记忆方法

侍妾春花、秋月和不知多少美女上小楼来伺候我赏东风。我望着故国的明月，摸着精雕细刻的栏杆、玉石砌成的台阶，感觉上面的油（犹）还在，只是姑娘们的容颜已经改了。姑娘们问我愁吗，我说：“你们整容花的钱如同一江春水向东流，我能不愁吗？”

一剪梅·红藕香残玉簟秋

李清照

红藕香残玉簟秋。轻解罗裳，独上兰舟。云中谁寄锦书来，雁字回时，月满西楼。

花自飘零水自流。一种相思，两处闲愁。此情无计可消除，才下眉头，却上心头。

译文

红色的荷花散发着残留的幽香，冷滑如玉的竹席透出深深的凉秋之意。轻轻地脱下罗绸衣裳，独自登上那精致的小船。白云舒卷处谁会将书信寄来，排成“人”字形的雁群飞回来时，月光已洒满了西楼。

花独自地飘零，水独自地流淌。一种相思，牵起两处的闲愁。这相思的愁苦实在无法排遣，刚从微蹙的眉间消失，又涌上了心头。

记忆方法

红色的藕放在香香的玉做成的垫（簟）子上，我解下罗裳包住它们，把它们寄到兰州（舟）。此时，白云飘飘，我装了些经（锦）书进去，让大雁顺路帮我送过去，大雁在途中撞到了月亮，掉在了西楼上。西楼风景很美，有花有水，美得让大雁想死（相思）在这里，真是让人发愁。这种情绪没有办法消除，从眉头扩散到了心头。

鹧鸪天·林断山明竹隐墙

苏轼

林断山明竹隐墙，乱蝉衰草小池塘。翻空白鸟时时见，照水红蕖细细香。

村舍外，古城旁，杖藜徐步转斜阳。殷勤昨夜三更雨，又得浮生一日凉。

译文

树林尽头有耸立的高山，竹林围绕着屋舍；长满衰草的小池塘边蝉鸣不已。空中时不时有白色小鸟飞过，塘中红色荷花散发香气。

乡村田舍外，古城墙近旁，我手拄藜杖徐徐步行，转瞬已是夕阳。昨夜天公殷勤地降下一场雨，今天又能享受一日的清凉。

记忆方法

林子尽头长满了山竹，山竹隐去了墙。墙下一只蝉正在草垛里吃糖（池塘）。墙上的空中，一只白鸟停在池塘的红蕖上，嬉戏一会儿就飞到村舍外、古城旁。城里，一个老人扶着秋藜在斜阳下缓步走着。夜里下雨，蝉都变成了浮游生物，老人依然在慢慢走着。

蝶恋花·庭院深深深几许

欧阳修

庭院深深深几许，杨柳堆烟，帘幕无重数。玉勒雕鞍游冶处，楼高不见章台路。

雨横风狂三月暮，门掩黄昏，无计留春住。泪眼问花花不语，乱红飞过秋千去。

译文

庭院深深，不知道有多深。杨柳依依，堆起绿色的云。帘幕重重，不知有多少层。华车骏马如今在哪里游弋。我登上高楼，看不见那通向章台的大路。

三月的暮春里风雨大作，即使是重门将黄昏的景色掩闭，也无法留住春意。我泪眼婆娑地问花，花却不语，只见纷乱的落花飞到秋千外。

记忆方法

庭院深处的几棵杨柳冒烟了，烟如同帘幕一般轻薄。烟散去之后，一个娱乐（玉勒）的马鞍出现了，就放在高楼上。时值三月，一阵暴雨狂风，风把院子门吹开，一派萧瑟景象，好似黄昏，一点儿不像春天。院子外，一个小姑娘被吹得满含泪花，飞到了秋千上。

破阵子·春景

晏殊

燕子来时新社，梨花落后清明。池上碧苔三四点，叶底黄鹂一两声，日长飞絮轻。

巧笑东邻女伴，采桑径里逢迎。疑怪昨宵春梦好，元是今朝斗草赢，笑从双脸生。

译文

燕子来的时候正赶上社祭，梨花纷飞后就是清明节。池子上有几点青苔，树叶下面有黄鹂在歌唱，柳絮飘飞。

巧笑着的东邻女伴，我在采桑的路上碰到了她。怪不得昨晚做了个春宵美梦，原来是预示我今天斗草会赢！不由得两边脸颊上也生出了笑意。

记忆方法

燕子来的时候吃了梨子，然后把核在清明节吐进了池塘里，长成了一大片碧绿的青苔。青苔上面有三四片叶子，叶子上托着一两瓶黄色的畅轻（长、轻）酸奶，碰巧被东边邻居的女伴拿走，她边喝边采着桑葚，回忆（疑）着昨天的那场春梦，那场梦预示着今天早晨刮彩票会赢奖，笑容从她两边的脸颊升起。

长相思·山一程

纳兰性德

山一程，水一程，身向榆关那畔行，夜深千帐灯。
风一更，雪一更，聒碎乡心梦不成，故园无此声。

译文

将士们跋山涉水，向着山海关进发。夜深了，千万个帐篷里都点起了灯。

外面风雪交加，声音惊醒了睡梦中的将士们，思念故乡的将士做梦也做不成。想来，故乡可没有这般狂风呼啸、雪花乱舞的声音。

记忆方法

我走过一条条山路，走过一条条水路，正向榆关那边走去。夜深了，人们在帐篷里点灯。

晚上又刮风又下雪，声音嘈杂，打碎了思乡的梦，家乡没有这样的声音。

渔歌子·西塞山前白鹭飞

张志和

西塞山前白鹭飞，桃花流水鳜鱼肥。

青箬笠，绿蓑衣，斜风细雨不须归。

译文

西塞山前白鹭翱翔，桃花盛开时流水涨潮，其中的鳜鱼非常肥美。

一位老翁戴着青色箬笠，披着绿色蓑衣，冒着斜风细雨，悠然自得地垂钓，下雨了都不回家。

记忆方法

西塞山前有白鹭在飞，白鹭用桃花去引诱水中的鳜鱼。鳜鱼很肥，所以一个渔翁戴着斗笠、穿着蓑衣在细雨中钓鱼吃。

望江南·梳洗罢

温庭筠

梳洗罢，独倚望江楼。过尽千帆皆不是，斜晖脉脉水悠悠。肠断白蘋洲。

译文

梳洗完，独自登上望江楼，倚靠着楼柱。上千艘船过去，盼望的人都没有出现。太阳的余晖脉脉地洒在悠悠的江水上，思念的柔肠萦绕在白蘋洲上。

记忆方法

梳洗完，独自倚着望江楼等人。看着千帆过去都不是，失恋的他在斜晖下看着悠悠江水，江水把他断肠的相思之情带向了白蘋洲。

天净沙·冬

白朴

一声画角谯门，半庭新月黄昏，雪里山前水滨。竹篱茅舍，淡烟衰草孤村。

译文

在一个冬天的黄昏，城门一声号角响起，一弯新月挂在半空，带着雪的山前小河水流缓缓。竹子做的篱笆围着茅屋，淡淡的雾气和枯萎的野草围绕着萧索的村庄。

记忆方法

医生（一声）走进桥边的门（谯门）里，里面的亭（庭）子年代久了，越（月）发旧黄，医生在里面吃着雪梨（里）、喝着冰水（水滨）。亭子旁的竹篱茅舍飘出淡淡的烟，如村姑（孤村）一样质朴。

天净沙·秋思

马致远

枯藤老树昏鸦，小桥流水人家，古道西风瘦马。夕阳西下，断肠人在天涯。

译文

黄昏时分，乌鸦落在枯藤缠绕的老树上哀鸣。小桥下流水哗哗作响，旁边还住着人家。古道上，一匹瘦马顶着西风艰难地前行。夕阳从西边落下，孤独的旅人漂泊在遥远的地方。

记忆方法

枯萎的藤蔓缠绕老树，老树被缠得喘不过气，发出哀号，惊昏了乌鸦。乌鸦掉落在小桥上，小桥底下流水经过，流水流向人家。人家家门口的古道吹过一阵西风，凛冽的西风吹疼了瘦马。瘦马向远处望去，看到夕阳正在西下，它驮着悲痛的断肠人浪迹天涯。

其他

登幽州台歌

陈子昂

前不见古人，后不见来者。

念天地之悠悠，独怆然而涕下！

译文

往前看不见古代贤君，向后望不见未来的明主。

想到天地无穷无尽，我独自凄怆而落泪。

记忆方法

去幽州台上，前后都看不见人来，想起天地之间只有我独自一人，瞬间被吓哭了！

饮酒·其五

陶渊明

结庐在人境，而无车马喧。
问君何能尔？心远地自偏。
采菊东篱下，悠然见南山。
山气日夕佳，飞鸟相与还。
此中有真意，欲辨已忘言。

译文

房子盖在人世间，却没有车马的喧闹。

问我为何能这样？心志高远，自然会觉得地方僻静。

采摘菊花在那东篱之下，悠然看见南山。

山岚氤氲，傍晚景色十分美好，飞鸟结伴归来。

这里面蕴含着人生的真正意义，想要辨识却已经忘了怎么用言辞表达。

记忆方法

陶渊明本来在人多的境界居住，然后被贬到一个连车马都没有的地方。他突然想到：正所谓天高皇帝远，在这种地方君王又能怎么样？地方又远又偏。于是，他在篱笆下面采自己最喜欢的菊花，悠然看对面的南山。山上天气很好，很多飞鸟都飞回来了。陶渊明看见这样的景色觉得真有意思，别人骂他读书读傻了，他也不和他们争辩（辨）。

咏怀诗八十二首·其一

阮籍

夜中不能寐，起坐弹鸣琴。
薄帷鉴明月，清风吹我襟。
孤鸿号外野，翔鸟鸣北林。
徘徊将何见，忧思独伤心。

译文

夜里无法入睡，索性起来弹琴。

明月照在薄薄的帐幔上，清冷的风吹动我的衣襟。

离群的大雁在野外哀鸣，飞翔的鸟儿在北林鸣叫。

一个人在夜色中徘徊又能见到什么，忧伤陪伴着我独自伤心。

记忆方法

夜里睡不着，于是起来弹琴，忽然手机响了，原来是微博（薄帷）好友发了一张明月的图片让我鉴赏。这时，清风吹动了我的衣襟，也惊扰了野外的孤鸿，结果这只鸟在北边的林子叫起来。我在去不去见那只鸟的问题上犹豫不定，伤心的是只有我一个人思考这个问题，没有人陪我去。

琵琶行（并序）

白居易

元和十年，予左迁九江郡司马。明年秋，送客湓浦口，闻舟中夜弹琵琶者，听其音，铮铮然有京都声。问其人，本长安倡女，尝学琵琶于穆、曹二善才，年长色衰，委身为贾人妇。遂命酒，使快弹数曲。曲罢悯然，自叙少小时欢乐事，今漂沦憔悴，转徙于江湖间。予出官二年，恬然自安，感斯人言，是夕始觉有迁谪意。因为长句，歌以赠之，凡六百一十六言，命曰《琵琶行》。

浔阳江头夜送客，枫叶荻花秋瑟瑟。
主人下马客在船，举酒欲饮无管弦。
醉不成欢惨将别，别时茫茫江浸月。
忽闻水上琵琶声，主人忘归客不发。
寻声暗问弹者谁，琵琶声停欲语迟。
移船相近邀相见，添酒回灯重开宴。
千呼万唤始出来，犹抱琵琶半遮面。
转轴拨弦三两声，未成曲调先有情。
弦弦掩抑声声思，似诉平生不得志。
低眉信手续续弹，说尽心中无限事。

轻拢慢捻抹复挑，初为霓裳后六幺。
大弦嘈嘈如急雨，小弦切切如私语。
嘈嘈切切错杂弹，大珠小珠落玉盘。
间关莺语花底滑，幽咽泉流冰下难。
冰泉冷涩弦凝绝，凝绝不通声暂歇。
别有幽愁暗恨生，此时无声胜有声。
银瓶乍破水浆迸，铁骑突出刀枪鸣。
曲终收拨当心画，四弦一声如裂帛。
东船西舫悄无言，唯见江心秋月白。
沉吟放拨插弦中，整顿衣裳起敛容。
自言本是京城女，家在虾蟆陵下住。
十三学得琵琶成，名属教坊第一部。
曲罢曾教善才服，妆成每被秋娘妒。
五陵年少争缠头，一曲红绡不知数。
钿头银篦击节碎，血色罗裙翻酒污。
今年欢笑复明年，秋月春风等闲度。
弟走从军阿姨死，暮去朝来颜色故。
门前冷落鞍马稀，老大嫁作商人妇。
商人重利轻别离，前月浮梁买茶去。
去来江口守空船，绕船月明江水寒。
夜深忽梦少年事，梦啼妆泪红阑干。
我闻琵琶已叹息，又闻此语重唧唧。
同是天涯沦落人，相逢何必曾相识。

我从去年辞帝京，谪居卧病浔阳城。
浔阳地僻无音乐，终岁不闻丝竹声。
住近湓江地低湿，黄芦苦竹绕宅生。
其间旦暮闻何物，杜鹃啼血猿哀鸣。
春江花朝秋月夜，往往取酒还独倾。
岂无山歌与村笛，呕哑嘲哳难为听。
今夜闻君琵琶语，如听仙乐耳暂明。
莫辞更坐弹一曲，为君翻作琵琶行。
感我此言良久立，却坐促弦弦转急。
凄凄不似向前声，满座重闻皆掩泣。
座中泣下谁最多，江州司马青衫湿。

译文

唐宪宗元和十年，我被贬为九江郡司马。第二年秋季的一天，送客到湓浦口，夜里听到船上有人弹琵琶。听那声音，铮铮铿铿有京都流行的声韵。探问这个人，原来是长安的歌女，曾经向穆、曹两位琵琶大师学艺，后来年纪大了，姿色衰减，嫁给商人为妻。于是命人摆酒，叫她畅快地弹几曲。她弹完后，有些闷闷不乐的样子，自己说起了少年时欢乐之事，而今漂泊沉沦，形容憔悴，在江湖之间辗转流浪。我离京调外任职两年来，随遇而安，自得其乐，而今被这个人的话所感触，这天夜里才有被降职的感觉。于是撰写一首长诗赠送给她，共六百一十六字，题为《琵琶行》。

夜里我去浔阳江头送归客，枫叶和芦花被吹得秋声瑟瑟。

我和客人下马上船，举起酒杯要饮却无音乐助兴。

喝得不痛快，因为即将离别而更加伤心，离别时茫茫江水倒映着明月。

忽然听到水面上传来琵琶声，我忘了回归，客人也不想动身。

寻着声源探问弹琵琶的是谁，琵琶声停了许久却迟迟没有言语。

移船靠近邀请她出来相见，叫人添酒，重新点灯，重新摆起酒宴。

千呼万唤之下，她才徐徐走出来，还抱着琵琶半遮着面庞。

转紧琴轴，拨动琴弦，弹了几声，还未成曲调就已经满含感情。

每一声都蕴含着悲伤的沉思，似乎在诉说着她平生的不得志。

她低着头，随手连续弹个不停，用琴声说尽心中的无限往事。

轻轻拢，慢慢捻，一会儿抹，一会儿挑。先弹《霓裳羽衣曲》，接着再弹《六幺》。

大弦沉重悠长如同暴风骤雨，小弦急切细碎如同人们私语。

沉重的和急切的交错弹奏，如同大珠小珠掉落玉盘。

一会儿像花底下婉转流畅的鸟鸣的声音，一会儿又像水在冰下流动受阻发出的冷涩、呜咽的声音。

仿佛因水流冷涩，琵琶声开始凝结，凝结而不通畅，声音渐渐中断。

像另有一种幽恨愁思暗暗滋生，此时寂静无声却比有声更动人。

好像银瓶突然破裂，水浆迸出；又好像铁甲骑兵厮杀，刀枪齐鸣。

曲终，她对准琴弦中心划拨，四弦一声轰鸣好像布帛撕裂。

东船西舫的人们都静悄悄地聆听，只见江心之中映着皎洁的秋月。

她沉吟着收起拨片插在琴弦中，整顿衣裳起来，表情严肃庄重。

她说她原是京城的歌女，家住在长安城东南的虾蟆陵。

十三岁就已学会弹琵琶，名字排在教坊乐团第一列。

曲子弹罢都令琵琶大师们叹服，每次妆成都被歌伎们嫉妒。

京城富家子弟争着送她财物，弹完一曲收来的红绡不知其数。

用钿头银篦打节拍经常打得粉碎，红色罗裙常被酒渍染污。

年复一年都在欢笑中度过，美好的时光白白消磨。

兄弟从军，阿姨已死，家道破败，她也渐渐年老色衰。

门前光顾的人逐渐减少，车马也稀少了，年纪大了，只得嫁给商人为妻。

商人重利，轻易就忍心别离，上个月去浮梁做茶叶生意。

商人去了，留下她在江口独守空船，作伴的只有明月和凄寒的江水。

夜深时常梦到少年时的快乐往事，梦中哭醒，涕泪弄花了妆。

我听琵琶声已摇头叹息，听到这番诉说更觉悲凄。

我们同是沦落天涯的可悲人，今天相逢何必问是否曾经相识！

自从去年我离开京城，被贬谪后卧病于浔阳城。

浔阳地方偏僻，没有音乐，一年到头听不到乐器声。

住的地方靠近湓江，低洼潮湿，黄芦和苦竹绕着宅子周围生长。

在这里早晚能听到的是什么？只有杜鹃、猿猴那些悲凄的哀鸣。

在春江花朝秋江月夜那样的美好光景，也常常取酒独酌。

难道这里就没有山歌和村笛吗？只是音调嘶哑粗涩，实在难听。

今夜听你弹奏琵琶诉说衷情，就像听到仙乐，耳也明了。

请不要推辞，坐下来再弹一曲，我要为你写一首新诗《琵琶行》。

被我的话所感动，她站立了好久，回身坐下再转紧琴弦拨出急声。

凄凄切切的声音不再像刚才的声音，在座的人重听都掩面哭泣。

在座的人谁流的眼泪最多？我这江州司马青衫都湿透了！

记忆方法

主人在江边送客人回加拿大（枫叶国），只有两个人对着月亮边喝酒边哭。琵琶砸到两个人，两个人问是谁的琵琶，有人回答说是自己的。他们干脆把船靠近琵琶的主人，开了个party（派对）。大家高喊“弹琵琶”，一个遮面美女拨了几下弦，说自己被歌舞团开除了（不得志），然后伤心得低下眉头继续弹，又跳起了《霓裳羽衣曲》。这时，下起了大雨，人们都窃窃私语着，吵得琵琶女弹错音。雨下得更厉害，竟砸穿了盘子，盘上的莺鸟吓得衔着花朵飞入泉水，被冻得叫不出声。琵琶女讨厌这个情景，大家都不敢出声。她把装满水的瓶子扔到马背的刀具上，水溅到画上，画裂开了。大家更不敢出声，月亮都变得惨白了。她突然放下琵琶，整理衣裳，说起身世：“我在北京学琵琶，是学院第一人，女生经常嫉妒我，男生争着要见我。女生看不惯我，就弄坏我的首饰裙子。可是以前我不在意，还能每年都开开心心的。自从弟弟参军、阿姨死了后，就没人找我了，我只能嫁给当地商人。可丈夫常年出差做茶叶生意，只留下我整天在江边等他回来。每晚做梦想起以前的快意日子，都会伤心地哭醒。”主人听完她说的话，想到自己也是这样的身世：“我辞官后病倒在此，这里太偏僻了，没有好的乐团，而且很潮湿，竹子都围起了宅子。整天只听到杜鹃和猿在叫，想喝酒还得自己倒，放牛的孩子的牧笛声就像噪音一样。难得今天听到你这美妙的琵琶声，请再弹一曲，我即兴为你写诗。”她听到了也不好推辞，坐下来匆忙地弹，琴声太凄惨了，听众都哭了。我自然是哭得最厉害的，把衣服都哭湿了。

（四）路线法

对我来说，不仅仅要记忆唐诗，还要记忆页码，所以我要给一首首唐诗“分房子”，然后把房子的序号记住。这样，我就可以轻松回答“第282页上面的诗歌内容”这样的问题了。

当然，普通人并不需要这么折腾，不需要记住一间间房子的序号，但是给诗歌“分房子”的确是非常有用的，因为这样我们就可以减轻很多负担。比如，某些诗歌内容很晦涩，上下句之间的联系不紧密，让你很容易“跳戏”，导致卡壳。当你给他们“福利分房”之后，一切就不一样了，你只需要按照房间的顺序来一一回忆就可以了。这就是我们记忆法里面大名鼎鼎的路线法！

地点路线法

路线法中最古老、最经典的就是地点路线法了。地点路线法就是把要记忆的材料依次放在路线上面，让要记忆的信息与路线上的点一一对应、连接，然后在回忆的时候按照位置精确提取的方法。关于这个方法，还有一个传说。西塞罗在其《论演说家》中谈到西蒙尼德斯已经掌握了高超的记忆术。据说，在一个宴会上，西蒙尼德斯受命朗诵一首赞扬两位神灵的抒情诗，就在这时，两位神灵差遣使者把他从宴会上叫了出去。在他离开之后，宴会的屋顶塌了下来，留在里面的人全部遇难，无一幸免。死者血肉模糊，人们无法辨认尸首。可是，西蒙尼德斯却能根据每个死者在宴会厅的位置辨认出全部尸体来。因为起源于古罗马时代，所以这个方法又叫作古罗马房间法。

其实，西塞罗等人在进行长篇演说的时候已经采用了这样的方法。他们把要发表的长篇演说在脑海中一句一句分别与房间里面的桌子、椅子进行联系，然后就可以轻轻松松根据脑海中房间的布置顺利发表演说。长篇演说都不在话下，背诵古诗词当然是小菜一碟。

我们在使用这个方法的时候，只需要把每一句诗和一个地点进行联系就可以了。

下面我给出了具体的例子，有具体的地点路线，但是实际上我们真正使用的时候应该是用我们自己熟悉的地点路线。这个地点本身是不需要记忆的，比如你家的房间、你学校的教室。当然，也可以使用一些虚拟的地点组成路线，比如动画片、电影、电视剧里面你熟悉的场景和布置，还有游戏地图。之前我的学生就曾经用《英雄联盟》里面召唤师峡谷的地图记忆地理、生物的知识点，并且学业进步了——从年级600多名进步到前100名。无论是古诗文还是文科知识点，其实原理一样。现在，我的很多学生已经开始用《王者荣耀》里面王者峡谷的地图来背诵现代文和古诗了。

地点的顺序一般来说是按照顺时针方位来进行排列，组成路线，找好之后整理好，写在本子上或者存在手机和电脑里面，便于日后复习。建议平时多多准备一些路线备用，免得想记忆的时候还要临时找——这样会影响效率。

锦瑟

李商隐

锦瑟无端五十弦，一弦一柱思华年。
庄生晓梦迷蝴蝶，望帝春心托杜鹃。
沧海月明珠有泪，蓝田日暖玉生烟。
此情可待成追忆，只是当时已惘然。

译文[①]

锦瑟为何竟有五十根弦，一弦一柱都叫我怀思青春年华。

我如庄子为蝴蝶晓梦而迷惘，又如望帝化杜鹃寄托春心幽恨。

大海里明月的影子像眼泪化成的珍珠，蓝田日暖，玉石才能化作青烟。

那些美好的感情只能留在回忆之中，只因为当时心中只是一片茫然。

记忆方法

这里，我们一位学员选用的是家中的置物柜、沙发、电视机、电视柜这四个地点组成的一条路线。

置物柜——置物柜里有一把瑟，瑟上有50根弦，每根弦配一根柱。

① 本诗的主旨历来众说纷纭，本书中的译文以浅显、直白为主。

沙发——躺在沙发上装睡，结果真睡着了，在梦中看到了蝴蝶还有春天的杜鹃。

电视机——电视机里面放着影片：沧海上有一颗明珠，就像海的眼泪。海边是蓝色的农田，日头照暖了玉，生出了烟。

电视柜——电视柜上面有一张照片，是我的情人，我不禁追忆过去，想起我们当时只是在一（已）个网（惘）站上认识，然后就喜欢上彼此。

只是看这些文字，效果不一定很好，一定要完全投入，在脑海中感觉这些场景中的图像、声音、气味等。

登高

杜甫

风急天高猿啸哀，渚清沙白鸟飞回。
无边落木萧萧下，不尽长江滚滚来。
万里悲秋常作客，百年多病独登台。
艰难苦恨繁霜鬓，潦倒新停浊酒杯。

译文

风急天高，猿猴啼叫显得非常悲哀。水清沙白的河洲上，鸟儿在盘旋。

无边无际的落叶萧萧飘下，没有尽头的长江水滚滚而来。

以悲伤的心情面对秋天，感伤自己万里漂泊、客行他乡。一生中各种疾病缠身，如今独上高台。

艰难苦恨让我双鬓皆白，颓废潦倒让我停下了借以浇愁的酒杯。

记忆方法

想象成4人间宿舍，每个人的位置对应一句，床铺对应上半句，写字台对应下半句。

从一号位开始，四号位结束。

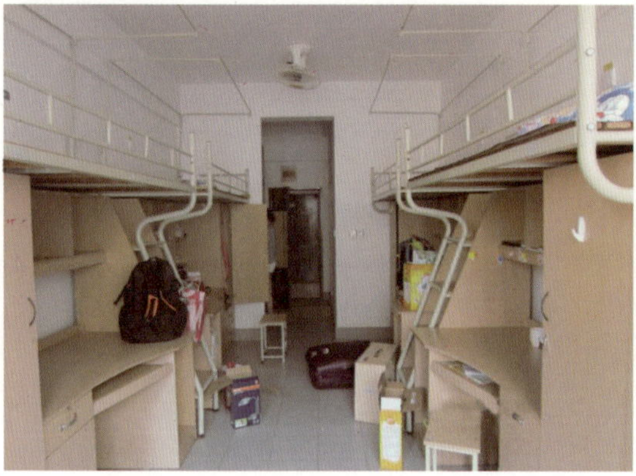

一号位：

床铺：大风很急，把床上望着天花板的猿猴吹得冻哭了。

写字台：写字台上有一堆清沙，上面有一只鸟盘旋。

二号位：

床铺：床铺没有边，落下来的木头砸中了萧十一郎。

写字台：潘长江在写字台上不停地打滚。

三号位：

床铺：床铺坏了，杨万里哭着去秋香家作客。

写字台：病人拿着百元大钞，独自在写字台的台灯（登台）下看。

四号位：

床铺：杜甫在床上艰难并痛苦地拔掉白头发。

写字台：潦倒的林更新停下，不再喝写字台上浑浊的白酒。

渔歌子·西塞山前白鹭飞

张志和

西塞山前白鹭飞，桃花流水鳜鱼肥。

青箬笠，绿蓑衣，斜风细雨不须归。

译文

西塞山前白鹭翱翔，桃花盛开时流水涨潮，其中的鳜鱼非常肥美。

一位老翁戴着青色箬笠，披着绿色蓑衣，冒着斜风细雨，悠然自得地垂钓，下雨了都不回家。

记忆方法

地点为从如下图所示的左下角开始，沿顺时针方向的沙发椅、矮桌子、柜子、床、床头柜。

西方的塞子放在沙发椅上，白鹭站在矮桌上。

柜子上有一束桃花，吸引了鳜鱼。

床上铺着青色床单，还放着一件蓑衣。

床头柜放在外头，被风和雨侵蚀过，一个乌龟还在里面爬。

观沧海

曹操

东临碣石，以观沧海。
水何澹澹，山岛竦峙。
树木丛生，百草丰茂。
秋风萧瑟，洪波涌起。
日月之行，若出其中；
星汉灿烂，若出其里。
幸甚至哉，歌以咏志。

译文

向东行登上碣石山，来观赏苍茫的海。

海水多么宽阔浩荡，山岛高高挺立。

树木和百草丛生，十分繁茂。

秋风吹动树木，发出悲凉之声，海中涌起巨大海浪。

太阳和月亮的运行，仿佛是从其中发出的。

银河星光灿烂，仿佛是从其中产生出来的。

我很高兴，作这首诗歌来表达志向。

记忆方法

地点是沙发椅、矮桌子、床、床头柜。

东边邻居瘫坐在沙发椅上，他得了结石，他疼的时候就看看大海。平时只能吃吃水煮鸡蛋，他经常担心自己要去见三岛由纪夫。矮桌子摆着很多盆景树木，还有一百种草，非常茂盛。虽然现在已经是秋天，很萧瑟，但是植物们水分充足，水分多得就像洪水的波涛。床上铺着日月潭之行带回来的床单，上面画着很多星星。床头柜上的音响放着《小幸运》，这是一首很流行的歌。

数字路线法

数字路线法就是用数字编码来与记忆的内容一一进行匹配，然后进行记忆的方法。

数字编码可以说是记忆法基础中的基础，几乎所有让人瞠目结舌的记忆表演都是借助数字或者类数字编码（指与数字编码原理极其相似的编码，如扑克牌等）完成的。

如下页表所示，我们可以看到，编码的方式非常简单，大部分是谐音，比如14与钥匙是谐音。还有象形，比如0～9、07、10、69。而03、06、08、20、23、49与97是意会，因为圆凳子是3条腿，左轮手枪有6发子弹，溜冰鞋有8个轮子，一包香烟有20根，乔丹号码是23，1949年建立新中国，1997年香港回归。比较特别的是59，因为记忆方法由国外传入中国时，首先是传入比较开放的香港，粤语中9和“蚣”的读音比较相近，所以59的编码“蜈蚣”也是谐音。38、51、54、61等则是由节日演化而来。当然，这个编码表只是一个参考，你也可以按照自己的习惯进行修改，比如你某个同学是1999年出生的，你就可以用她作为99的编码。所以，编码应是简单的、容易记住的，不需要死记硬背。

数字编码表示例

数字	编码	数字	编码	数字	编码	数字	编码	数字	编码
1	蜡烛	2	鹅	3	耳朵	4	帆船	5	秤钩
6	勺子	7	镰刀	8	眼镜	9	口哨	0	呼啦圈
01	灵药	02	铃儿	03	凳子	04	零食	05	礼物
06	手枪	07	锄头	08	溜冰鞋	09	灵柩	10	棒球
11	筷子	12	椅儿	13	医生	14	钥匙	15	鹦鹉
16	石榴	17	仪器	18	腰包	19	药酒	20	香烟
21	鳄鱼	22	双胞胎	23	乔丹	24	耳屎	25	二胡
26	二流子	27	耳机	28	恶霸	29	阿胶	30	三轮车
31	鲨鱼	32	扇儿	33	袁姗姗	34	绅士	35	山虎
36	山鹿	37	山鸡	38	妇女	39	三九感冒灵	40	司令
41	司仪	42	柿儿	43	石山	44	石狮	45	师傅
46	饲料	47	司机	48	石板	49	毛主席	50	武林盟主
51	工人	52	鼓儿	53	乌纱帽	54	青年	55	火车
56	蜗牛	57	武器	58	尾巴	59	蜈蚣	60	榴莲
61	儿童	62	牛儿	63	硫酸	64	螺丝	65	尿壶
66	溜溜球	67	油漆	68	喇叭	69	太极八卦	70	麒麟
71	鸡翼	72	企鹅	73	七仙女	74	骑士	75	西服
76	气流	77	卢沟桥	78	旗袍	79	气球	80	巴黎铁塔
81	白蚁	82	靶儿	83	白衫	84	巴士	85	宝物
86	八路	87	白旗	88	爸爸	89	芭蕉	90	精灵
91	球衣	92	球儿	93	旧伞	94	教师	95	酒壶
96	酒炉	97	紫荆花	98	酒吧	99	舅舅	00	望远镜

与地点路线法类似，数字路线法是用每一个编码对应一句诗，然后进行相应的联系，再然后就可以按照编码的顺序顺利地把诗歌内容背出来了。

夜雨寄北

李商隐

君问归期未有期，巴山夜雨涨秋池。
何当共剪西窗烛，却话巴山夜雨时。

译文

你问我回去的日期，现在还没有确定。巴山的夜晚雨淅淅沥沥地下，雨水涨满了秋天的河池。

什么时候回到家乡，我们在西窗下一起剪烛。那时，我对你说说今晚在巴山作客时听着绵绵夜雨的心情。

记忆方法

用1、2、3、4四个编码来分别记忆四句。

拿着蜡烛去送人，问他什么时候回来。

巴山夜里面下大雨，鹅在池塘中游水。

在西窗边借着烛光剪耳朵形状的贴纸。

一只麻雀从巴山上掉下，摔到了山底下湖面的帆船上，一身雨水。

旅夜书怀

杜甫

细草微风岸，危樯独夜舟。
星垂平野阔，月涌大江流。
名岂文章著，官应老病休。
飘飘何所似，天地一沙鸥。

译文

微风吹拂岸上的细草，立着高高桅杆的小船在夜晚的江边停泊。

星星垂在天边，平野显得十分宽阔；月光随波涌动，大江滚滚向东流。

我难道是因为文章而著名的吗？年老多病，也该退休了。

这样到处漂泊像什么呢？就像天地间的一只孤零零的沙鸥。

记忆方法

用1、2、3、4四个编码来分别记忆四句。

晚上开船，点着蜡烛，看见前方有细草在微风中摇曳，原来是靠岸了。但是，仔细一看，岸上居然有危险的、要倒的墙，独自在夜里开船真要小心。

我看星斗低垂、平野广阔，就趁着月色进入大江漂流，去抓天鹅。

耳朵明明（名）听见读文章的声音，但是器官应该是老化生病了，听不清楚，只能休息。

坐在帆船上，轻飘飘地不知道去哪里，就看见天地之间一只沙鸥飞来飞去。

值得注意的是：同样的数字编码不建议在短时间内重复使用，以免造成信息之间的干扰，不仅仅数字路线法如此，其他路线法也遵循同样的规则。

登楼

杜甫

花近高楼伤客心，万方多难此登临。
锦江春色来天地，玉垒浮云变古今。
北极朝廷终不改，西山寇盗莫相侵。
可怜后主还祠庙，日暮聊为《梁甫吟》。

译文

繁花靠近高楼，让我愈加伤心，在各地多灾多难的时候我登楼观览。

锦江的春色铺天盖地地涌来，玉垒山上的浮云从古到今变幻不定。

朝廷如同北极星一样不会改换，西山的寇盗不要来侵扰。

可叹蜀后主刘禅竟也有祠庙，日暮时分我姑且吟诵《梁甫吟》。

记忆方法

使用37～44的编码进行记忆。

山鸡叼着玫瑰花飞近高楼，玫瑰花上面的刺不小心刺到客人的心。妇女玩魔方多难啊！所以评委赐了凳子。

锦江酒店靠送三九感冒灵吸引了很多人来结婚、拜天地。司令把鱼雷抛向云中，掉下古琴来。

司仪让新娘去北极朝廷，发誓终身不改嫁。

我去山西送柿儿被强盗扣押，非要摸我，还要相亲。

可怜的后主让石山压住，后主还不忘赐庙的事。

日暮时，石狮跟很多妇女聊天，它变成了很好的妇女知音。

身体路线法

到了这里，相信身体路线法是怎么回事儿你肯定也很轻松就可以猜到了。没错，就是在身体上选取一些部位，按照顺序连成一整条路线，然后把诗句和这些部位一一匹配联系。

这个方法最大的好处在于，你记忆力再不好也不可能忘记自己有眼睛、有嘴巴……所以，只要你把身体部位和诗句紧密联系，就永远也不会忘记。

咏柳

贺知章

碧玉妆成一树高，万条垂下绿丝绦。

不知细叶谁裁出，二月春风似剪刀。

译文

高高的柳树长满了如碧玉般的柳叶，柳枝垂下来好似万条绿色丝带。

细细的嫩叶不知道是谁的巧手裁剪出来的？原来是那二月的春风，它就像一把灵巧的剪刀。

记忆方法

关键词：玉、树、绿丝、细叶、剪刀。

这里选择的是由头发、额头、眼睛、鼻子组成的身体路线。

头发染成碧玉的颜色，化妆之后就像和树一样高的玉。

额头上是刘海，绿色的头发如同垂下的万条绿丝绦。

眼睛弯弯，如同细细的叶子，不知道是谁裁出来的。

鼻子两个鼻孔里面都有鼻毛，随着春风飞扬，要用剪刀剪掉。

陋室铭

刘禹锡

山不在高，有仙则名。
水不在深，有龙则灵。
斯是陋室，惟吾德馨。
苔痕上阶绿，草色入帘青。
谈笑有鸿儒，往来无白丁。
可以调素琴，阅金经。
无丝竹之乱耳，无案牍之劳形。
南阳诸葛庐，西蜀子云亭。
孔子云：何陋之有？

译文

山不在于高，有了神仙就出名。水不在于深，有了龙就有了灵气。这是简陋的房子，只是我品德好（就感觉不到简陋了）。台阶上的苔痕颜色碧绿。草色青葱，映入帘中。（在这里）谈笑的都是知识渊博的大学者，与我交往的没有知识浅薄的人。可以弹奏不加装饰的古琴，阅读佛经。没有奏乐的声音扰乱耳朵，没有官府的公文使身体劳累。南阳有诸葛亮的草庐，西蜀有扬子云的亭子。孔子说：有什么简陋的呢？

记忆方法

由于全文较长，所以这里选择的是一条比较长的身体路线。

头发：我的头发很厚，像山一样高，有人说神仙都是这样的，这样才能出名。

眼睛：眼睛水汪汪的，跟龙眼一样大，很有灵气。

耳朵：有人撕扯着我的耳朵走进陋室，没想到我德行这么好居然会这样。

鼻子：我的鼻子被陌生人打歪了，太狠（苔痕）了，我都气绿了，整个脸青（帘青）了。

嘴巴：去一家网红店排队半天，嘴巴终于吃到了红肉（鸿儒），晚来（往来）的没有了！就算在美团也白订（白丁）。

脖子：博主（脖子）直播苏芩（素琴）演讲，结果她仅仅（阅金经）讲了5分钟就走了。

肩膀：我的肩膀又宽又大，十足（丝竹）一个硬汉啊，想安度（案牍）个春节都不行，整天美女来找我玩，真是劳心费力。

手肘：猪手好吃，但是猪难养（南阳），得诸葛亮这样的才行。吃之前，记得稀疏（西蜀）的猪毛要仔细熨烫（子云）。

手掌：在海上游泳，一个大浪过来，我用双手拉住裤子（孔子），担心露点。拉住之后说：何露之有？哈哈。

文字路线法

文字路线法是用文字来组成路线。我们运用3 500个常用汉字可以创造出无穷无尽的组合，比如诗词、成语、名人名言、歇后语、广告词。甚至连题目本身也可以帮助我们记忆。题目本身也能帮助记忆？是的，你没有看错，现在我们就首先来讲这个看起来很“奇葩”的方法。题目本身作为路线的组成部分来记忆叫作内路线法，用其他文字来进行记忆则为外路线法。

文字路线法的好处在于不需要提前准备路线，临时想一个成语、诗词名句、熟语就可以了。如果实在没有什么这方面的积累，甚至用各种洗脑广告和台词也行，比如什么“你值得拥有”“我们只是大自然的搬运工”“没有中间商赚差价”。

山中送别

王维

山中相送罢，日暮掩柴扉。

春草明年绿，王孙归不归？

译文

在山中送走了好友，日暮时分把柴门半掩。

春草到明年又绿了，朋友啊你能不能归来？

记忆方法

文字路线：山、中、送、别。

山：去山中送爸爸（罢）。

中：日暮的时候在钟（中）里面淹（掩）死了财（柴）主的妃（扉）子。

送：春天送朋友，顺手栽下草，明年朋友回来就该绿了。

别：离别宴席上，大王的孙子带我们吃乌龟（归）。

观书有感二首·其一

朱熹

半亩方塘一鉴开，天光云影共徘徊。
问渠哪得清如许？为有源头活水来。

译文

半亩大的方形池塘像一面镜子展现在眼前，天光和云影都在镜子中一起浮动。

要问为何那方塘的水会这样清澈，因为有永不枯竭的源头为它输送活水。

记忆方法

使用标题进行记忆，一个字记一句话。

观：观世音菩萨手里拿着半块方糖（塘），一剑（鉴）斩开，分给众信徒们。

书：天上闪闪发光，以为是云彩，走近一看，原来是很多镶着宝石的书在一排一排地往下掉。

有：油里面有很多蚊（问）子和蛆（渠）在爬，要拿清水冲干净。

感（干）：吃榴莲干，结果牙被硌掉了，因为牙齿里面有圆圆（源）的洞，还在流水。

登飞来峰

王安石

飞来峰上千寻塔，闻说鸡鸣见日升。
不畏浮云遮望眼，自缘身在最高层。

译文

飞来峰顶有座高塔，听说鸡鸣时分可以看见旭日升起。

我不怕浮云遮住远眺的视野，只因为我站在最高的地方。

记忆方法

使用标题进行记忆，一个字记一句话。

登：登上飞起来的山峰，发现上面有一千个人在寻找塔。

飞：听说鸡飞起来，就可以看到旭日初升。

来：我来到山顶，不怕浮云会遮住我的眼。

峰：因为如今我站在高峰的最高层。

夜雨寄北

李商隐

君问归期未有期，巴山夜雨涨秋池。
何当共剪西窗烛，却话巴山夜雨时。

译文

你问我回去的日期，现在还没有确定。巴山的夜晚雨淅淅沥沥地下，雨水涨满了秋天的河池。

什么时候回到家乡，我们在西窗下一起剪烛。那时，我对你说说今晚在巴山作客时听着绵绵夜雨的心情。

记忆方法

使用标题进行记忆，一个字记一句话。

夜：诗人打电话给妻子，说今夜要开会，不知道几时回来。

雨：芭蕉扇（巴山）一挥，夜里大雨倾盆，池塘的水都溢出来了。

寄：剪了窗边蜡烛的烛线，塞到信封里寄出去表达相思。

北：北京的长城上插满了芭蕉扇（巴山），芭蕉扇一摇，夜雨绵绵。

念奴娇·赤壁怀古

苏轼

大江东去，浪淘尽，千古风流人物。故垒西边，人道是，三国周郎赤壁。乱石穿空，惊涛拍岸，卷起千堆雪。江山如画，一时多少豪杰。

遥想公瑾当年，小乔初嫁了，雄姿英发。羽扇纶巾，谈笑间，樯橹灰飞烟灭。故国神游，多情应笑我，早生华发。人生如梦，一尊还酹江月。

译文

大江向东流去，滔滔巨浪淘尽千古风流人物。

旧营垒的西边，人们说那就是三国周瑜激战的赤壁。

陡峭的石壁直刺天空，惊涛拍击着江岸，浪花卷起，好似千堆白雪。

江山绚丽如画，一时涌现出多少英雄豪杰。

遥想周瑜当年，小乔刚嫁给他，他英姿勃勃、豪气满怀。

手摇羽扇，头戴纶巾，谈笑之间，就把敌人的战船烧得灰飞烟灭。

我今天神游当年的战场，可笑我多情善感，过早地生出白发。

人生如一场梦，且洒一杯酒祭奠江上明月。

记忆方法

使用标题进行记忆，一个字或一个标点记一句话。

念（黏）——大江中有一个洞，洞里面有很多浪花，浪花尽头的岩壁上黏糊糊地粘着古时候的一个风流人物的像。

奴——一个很漂亮的女奴，走在西边的人行道上，跟在周郎旁边，散发出刺鼻（赤壁）的香味。

娇——鹅卵石穿越高空，打中了娇艳欲滴的金桃子，拍倒在岸上，震起来的灰尘像千堆的雪。

点（太阳）——太阳照耀下的江山就像一幅画，上面画了很多豪杰。

赤（刺）——刺刀别在公瑾的腰上，小乔刚刚嫁给他，他真是雄姿英发。

壁（笔）——用羽扇纶巾在墙壁上乱戳，最后这面墙终于灰飞烟灭了。

怀——故国的女神在旅游的时候浪漫多情，与帅哥谈笑，后来怀了胎儿，因为营养不良，头发都白了。

古（咕）——做梦醒来，感觉有点儿饿，喝了一樽浆液，肚子咕咕叫。

出塞·其二

王昌龄

骝马新跨白玉鞍，战罢沙场月色寒。
城头铁鼓声犹震，匣里金刀血未干。

译文

将军刚跨上配了白玉鞍的宝马出战，战斗结束后战场上月色凄冷。

城头的战鼓还在旷野里震荡回响，将军匣里宝刀上的血迹还没有干。

记忆方法

使用“十步一杀”进行记忆，一个字记一句话。

十（石）：遛马刚刚跨过了白玉石。

步：战后步行在沙场上，感觉月色寒冷。

一：城头上的铁鼓发出一声震响。

杀：用金刀杀人，血还没干。

PART THREE

第三部分

见字如画
——画图法与思维导图法

（一）我们在“分诗”呢

大三刚开学不久，院学生会副主席、我的死党李洋找到我：“参加人文知识竞赛吧，怎么样？”

“为啥你让我去我就去？那我岂不是很没有面子？我还有今年的世锦赛呢。我不去。”我傲娇地回答。

“哎呀，我知道你不会去的，那个时间和我们考试时间冲突。给个面子吧！是我办的比赛！”

“好吧，我试试！”

初赛是一张大卷子，上面涉及语文、历史、哲学、艺术、北京文化等几百道题目，比较简单。初赛结果公布，我个人排名全校第二。接下来是学校的决赛，是团体赛。我们明德致知队在决赛中获得冠军，和亚军四世同堂队以及斯芬克斯队的隋翔宇师兄重组之后组成两支队伍代表人民大学参赛。直到这时候，我们才知道很多学校早在6月份就接到了比赛通知，暑假中就把比赛推荐书目都看了。我心里面正有点郁闷，队友王强说：“没事，我们有记忆大师呢！”“嗯？”大家都朝我看。“是的。”作为队长，关键时刻可不能不表态。这次也是个检验我的方法的好机会，这么想着，我就说："这些书其实也好处理。首先，谁对某方面（包括哲学、文学等多方面）特别熟悉，谁就负责对应的书。至于诗词，各自承包自己耳熟能详的作品。所有不好背的、没见过的——都归我！"

于是，我们就在人文楼前面的草坪上开始分配具体的诗词篇目。指导老师徐楠看到我们拿着一本书指指点点，就好奇地问我们在干吗。我们回答："我们在分诗（尸）呢！"说完之后，感觉有歧义，都哈哈大笑。

作为队长，我把我的记忆技术毫无保留地与我的队员分享，我们用两周的时间背熟了其他院校背诵三个月的推荐诗词和五本书。然后背"四书""五经"、背我写的剧本《命若琴弦》的台词、背燕京八景……我的文字处理技术让我节省了大量时间，可以专心地准备更有挑战性的环节。我们积极地为比赛做准备：修改剧本、排练剧目、商量人员搭配……最终，我们以初赛第一、复赛第一的成绩进入决赛，并取得了一等奖！

（二）画图记忆

这一次的篇目普遍都偏长、偏抽象，而我的背诵对象都是大家挑剩下的，我的队友个个都是学富五车，他们都不熟悉的，能好背吗？

但是，经过一段时间的训练，我大脑的想象力比之前强了很多，我决定采用图像法。下面就用简单的例子来说明。

将进酒

李白

君不见，黄河之水天上来，奔流到海不复回。
君不见，高堂明镜悲白发，朝如青丝暮成雪。
人生得意须尽欢，莫使金樽空对月。
天生我材必有用，千金散尽还复来。
烹羊宰牛且为乐，会须一饮三百杯。
岑夫子，丹丘生，将进酒，杯莫停。
与君歌一曲，请君为我倾耳听。
钟鼓馔玉不足贵，但愿长醉不复醒。
古来圣贤皆寂寞，惟有饮者留其名。
陈王昔时宴平乐，斗酒十千恣欢谑。
主人何为言少钱，径须沽取对君酌。
五花马，千金裘，呼儿将出换美酒，与尔同销万古愁。

译文

你难道看不见那黄河之水从天上奔腾而来，直奔东海，不再回流。

你难道看不见那年迈的父母对着明镜悲叹自己的白发，早晨还黑如青丝，晚上就变成了雪白一片。

人生得意时应当纵情欢乐，不要让这酒杯空对明月。

我天生的才华必有大用，黄金千两花完了还能够再得来。

我们烹羊宰牛姑且作乐，一次痛快地饮三百杯也不为多！

岑夫子、丹丘生啊！快喝酒吧！不要停下酒杯。

让我来为你们高歌一曲，请你们为我倾耳倾听。

钟鸣鼎食的豪华生活有何珍贵，只希望长醉不再清醒。

自古以来，圣贤皆是寂寞的，只有那会喝酒的人才能够留传美名。

从前陈思王在平乐观大宴宾客，每斗价值十千的美酒尽情地欢饮。

主人呀，你为何说我的钱不多？只管买酒来让我们一起痛饮。

五花千里马，千金狐皮裘，快叫那侍儿拿去换美酒，我和你们共同消解这万古愁！

记忆方法

下面是我学生的一幅作品，我们可以看到，其实他就是把诗歌中每一句的关键点画出来而已，非常简单。有人可能会怀疑："这有用吗？我就看个插图，最多形象一点呗，并不能真正记住吧？"这个问题非常好，"看"肯定是不够的，要自己画才能取得最佳的效果。我的第一本书《最强大脑："魔方墙找茬王"郑才千的学神秘笈》里面有一种叫作思维导图的方法（我们下面也要讲），有位妈妈给我发私信说她看书之后就教她家只有三岁的女儿用这种方法背唐诗，刚开始只是看我的思维导图，背不下来，但是后来她让女儿亲自画了一遍，女儿马上就背下来了。我们的画图记忆法也是一样，必须亲自实践。

有的人可能还会担心："我绘画水平不好怎么办，还能用这种方法吗？"实际上，我当年都是一支红笔打天下，没有五彩缤纷的配色，而且画人物只能分清楚男女，画动物则直接是猫猫狗狗一个样。但是，即便如此，我还是顺利地背下来了。

◆作者 张森

次北固山下

王湾

客路青山外，行舟绿水前。

潮平两岸阔，风正一帆悬。

海日生残夜，江春入旧年。

乡书何处达？归雁洛阳边。

译文

客行在青山外，在碧绿的江水前行舟。

潮水涨满，两岸之间水面宽阔，顺风行船，恰好把帆儿高悬。

夜幕还没有褪尽，旭日已在江上冉冉升起；还在旧年时分，江南已有了春天的气息。

寄出的家信不知何时才能到达，希望北归的大雁把它带到洛阳。

记忆方法

1. 

2. 

3. 

4. 

5. 

6. 

7. 

8. 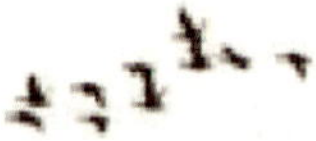

◆ 作者　杨卫妮

（三）思维导图

当然，诗歌有其内在的逻辑和思路，如果能够在画图的时候体现和深化这种思维的线索，自然效果会更好。这就可以用到我们将要介绍的思维导图法。

简介

思维导图是一种创造性的思考方式，在谷歌、波音、甲骨文等跨国公司是一种非常重要的思维技术。比尔·盖茨曾经在他的《未来之路》中说，智能机器人及思维导图将是下一个舞台中我们获取信息的主要方法。在新加坡，思维导图更是教师的必修课。对于诗词记忆来说，在生动形象的图像的基础之上再加上思维的力量来提纲挈领、穿针引线，显然会增进我们对于诗词的理解和记忆。

苏东坡的导图记忆法

思维导图所代表的思维方法早在达·芬奇的时代就已经是天才们心照不宣的秘密。我泱泱中华，上下五千年，各种各样的天才车载斗量，难道没有人使用这样的方法吗？

我随便翻看了几本古籍，发现了一位在诗、词、书法、哲学等方面都造诣极高的天才，似乎是思维导图的忠实拥趸。谁呢？宋朝第一大才子——苏轼！南宋的陈鹄写了一本书叫《耆旧续闻》，这本书中就记载了苏轼使用类似思维导图的方法背书的故事。

当年，苏轼因为乌台诗案被贬到黄冈担任团练副使。朱载上是当时黄冈的司农。因为工作关系，两人自然就认识了。在一次聚会上，苏轼和朱载上讨论朱载上的佳句，并因此成了好朋友。

有一天，朱载上去拜访苏轼，但是苏轼一直不出来接待。朱载上进退两难：继续等待，人老是不出来咋办；马上就走吧，苏轼知道了又不太好。过了一段时间，苏轼终于露面，非常不好意思地向朱载上道歉，说“移时不出”的原因是刚才自己在做功课。朱载上问：“您做的是什么课业？”苏轼说在抄写《汉书》。朱载上非常惊讶：“凭先生的才干，开卷一览就可终身不忘，为什么还要用手抄呢？”苏轼说：“不是这样的，从我读《汉书》开始到现在已经抄了三遍了，第一遍每段抄三个字，第二遍每段抄两个字，现在只要抄一个字了。”苏轼命人从书架上取了一本，对朱载上说：你随便说上一句。朱载上提了一句，接着苏轼就背上几百句，无一差错，挑到哪里就背到哪里。

每段话摘取几个字，根据这几个字进行回忆，这就是非常典型的思维导图记忆法！可以说，苏轼是中国第一个有明确记载使用思维导图的天才。历史比较好的小伙伴是不是想到一个问题——苏轼生活的年代要早于达·芬奇！

厉害了，苏轼连《汉书》这种大部头都可以背下来！显然，诗词更不在话下了。思维导图这种方法不仅可以用来记忆普通的诗词，还可以专门用来对付长篇诗词和古文。

思维导图怎么画

既然思维导图是这么好的方法，那么思维导图应该怎么来画呢？有哪些要注意的地方呢？

1. 图像

思维导图，顾名思义，当然少不了图像元素。相对于文字而言，图像比较直观，一目了然，对大脑的刺激比较强。

很多人在刚刚学习思维导图的时候会想："啊，图像？我画画很差，怎么办？我还能用思维导图吗？我画的马和驴根本无从分辨啊，甚至'喵星人'和'汪星人'都能被我画成一样一样的，我还有救吗？"

其实，这些根本不是重点。思维导图中的图只是帮助我们加深印象和刺激大脑的，重点仍然是思维。即使你画的马看起来像一头驴，只要你自己能认出来是马，就可以帮助你提升记忆、思维的能力，我们的目的也就达到了。许多学生在第一次学习思维导图时创作的作品都让人“不忍直视”，但是在画完之后就顺利背下了对应的古诗。我之前教了一名美术基础很差的学生，他上我的课时迫于我的“淫威”乖乖画图，但是回家就不想画思维导图，结果，过了一个月之后参加考试，发现偷懒没有用思维导图记忆的古诗很多都想不起来，而用过思维导图的则印象深刻。

所以，我们大可不必担心自己的绘画水平，记住：你就是天才画家！

2. 引导词

一大段的古诗词怎么办？难道要把每一个词都转化成图像？那也太累了！我们应该采用苏轼的方法，摘取其中的几个字或几个词，也就是引导词，通过引导词来引导我们回想全部的内容。

怎么找引导词呢？首先就是凭第一感觉。读完之后，你印象最深刻的、一般来说也是最重要的，就是引导词的最佳选择。其次就是找里面的主语、谓语、宾语，这些一般来说比较重要。最后，从词性来说，一般以名词为主。

3. 线条

思维导图的线条也是需要注意的，线条应该尽量有弧度，粗细的程度要有渐进变化，不要过于生硬。太生硬的线条会让思维也变得“生硬”。

在绘制的时候，我们一般从中心图的右上角45度开始（你非要从另外的地方开始画也可以），沿着顺时针方向进行绘制。先画一级分支，然后是二级分支、三级分支……而每一级分支的数量一般在3个到7个之间。一级分支不得少于3个，不得多于7个，二级、三级等分支可以酌情增减。

线条上面可以加上引导词和插图，线条长度和引导词以及插图要基本一致，不要出现很长的线条上面只有两三个字的现象。

4. 代码和符号

代码和符号是我们日常生活当中经常看到的，比如$、#、*等，这些符号可以更加快速、简洁地表达我们的意思；而且相对于千篇一律的文字，这些符号也会对大脑产生强烈刺激，从而让我们留下深刻印象。

5. 颜色

看惯了现代的高清大片，再去看以前的黑白老电影，你是什么感觉？是不是总觉得不够逼真，难以投入？所以，我们在画思维导图的时候也是一样，需要运用色彩的力量，让思维导图变得更加鲜活、更加生动。

一条一级分支下面的所有分支的颜色应该是一样的，而不同的一级分支之间的颜色应该不同，不同分支之间尽量不用特别相近的颜色。

6. 布局

一幅图如果布局不合理，就会对我们的思维产生一些负面的影响。比如，图很杂乱，那么想要通过这幅图理清材料的结构就会非常困难。如果一幅图各个分支的内容不够均衡，有的特别多，有的特别少，那么也会让大脑感觉很奇怪。

一般来说，我们在手绘的时候，需要选一张大小合适（足以画完整个内容）的白纸，将其横放。先画中心图，中心图要安排在一幅图的中间，占大概1/9的面积，具体多大要视实际情况而定。然后，从中心图开始，逐一画上我们的各个层级的分支。一般来说，重要的主题、与中心关系比较密切的内容，其分支要尽量安排在靠近中心图的位置；次要一些、边缘一些的，就要安排在边缘的位置。这样就可以做到布局合理、主次分明，有利于我们一目了然，迅速把握材料的内容。

运用思维导图背诵诗词的“郑步骤”

画思维导图只是其中一步，下面介绍一下完整地运用思维导图学习的步骤，我将其称为“郑步骤”。

在这里，我们选取“不长不短”的五言律诗《题破山寺后禅院》为例。

题破山寺后禅院

常建

清晨入古寺，初日照高林。
曲径通幽处，禅房花木深。
山光悦鸟性，潭影空人心。
万籁此俱寂，但余钟磬音。

1. 通览全文，找出引导词。每个人找的可能不一样，这里我找的是：晨、寺、日、林、曲径、房、花木、山、鸟、潭、心、万籁、钟磬。

2. 分析结构以确定主干与分支。这是五言律诗，基本上分成四个大分支，每个分支下面分两个小分支来画就可以了。

3. 画图。在理清篇章结构以后，我们就可以按部就班地来画思维导图了。先画中心图，这里的中心图可以是一座禅院。如果想偷懒，可以直接画一个圈，然后在圈里面写上“题破山寺后禅院”。接下来就是画各级别的分支。根据层次不同，我们把高层级引导词放在主干分支上，把低层级引导词放在次级分支上。从右上角45度开始，沿着顺时针方向进行绘制。先画第一个主干分支，加上相应的文字和插图，然后画它的第一个次级分支和第二个次级分支，也加上对应的文字和插图。完成之后，继续画第二个主干分支及其次级分支，然后是第三个、第四个。如果想要画全图形思维导图，即不加文字的思维导图，也可以，但是建议还是加一个标题，否则日后整理起来可能比较费事。

4. 看图。运用自己的记忆能力、记忆方法，记忆图的内容。

5. 回忆还原。根据自己的记忆还原原文。

6. 修正。一般来说，看完之后能记下大部分内容，剩下的小部分通过对照原文修正即可形成完美的记忆。

下面这张思维导图是比较简单明了的一种，我们看到——除了中心图之外，基本上没有插图，只是对于诗歌进行了一个大概的分析，然后选取了一些引导词来帮助记忆。虽然如此简单，但其实也会有很好的效果。因为经过你的画图过程之后，你在脑海中就会对于诗歌内容有一个深刻的体会和印象，再加上图的刺激，自然就会记住。

◆ 作者 李紫萱

下页这张图也是属于比较简单的形式。我们看到，虽然其中加了很多插图，但是并没有上色。这里的插图也都很好理解，比如，右上角画了刚刚升起的太阳，代表“清晨”，紧接着是“古寺”和“高林”，右下角则是“竹径”“禅房”“花木”……

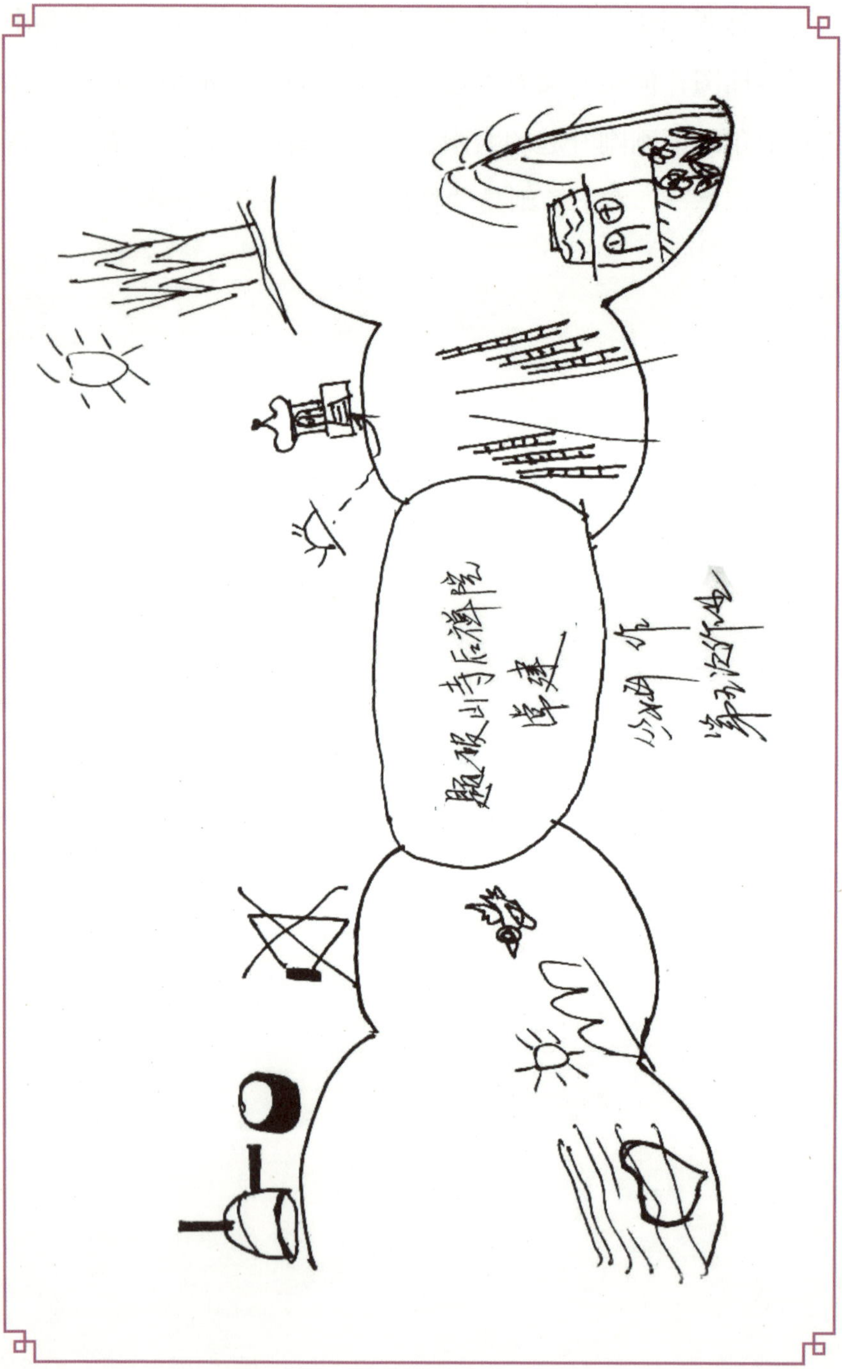

◆作者 丛妍

当然，如果有时间，我们还是希望可以画出如下页图这样“色香味俱全”的图。这张图其实就是第一张和第二张的合体升级版，加上了全彩色插图，显得生动有趣。

起始分支一般按照个人习惯，可以选取左上或者右上，接下来按照顺时针或者逆时针方向转动都可以，但是每个人应该形成自己的习惯，不要随便改动。

◆作者 王南竹

思维导图记忆法的核心

本书中虽然给读者准备了很多的例子，但是只靠“看”别人的思维导图是很难发挥出最佳效果的，因为思维导图记忆法中非常重要的地方在于你要自己深入理解和思考诗歌的内在逻辑，并且用思维导图的形式把这种内在逻辑表示出来，这个思考和画图的过程对于记忆非常重要。我曾在集训营亲眼见到学生画完《滕王阁序》之后直接不看图就背了出来，她自己都表示难以置信。

作为一个从小基本不写作业的人，我认为人本质上都是懒惰的，但是有的时候你强迫自己做某些事情会方便你以后更好地去偷懒：你这一次自己老老实实地画图了，下一次就不用像其他人一样天天死记硬背了。希望我举的例子能够对正在阅读的你有所启发。

思维导图软件

在现在这个电子科技极其发达的社会，不谈点软件，那就太out（过时）了！对于喊着自己“手残”的人们来说，软件是大大的福音。下面就简单介绍几款常见的软件。

1. iMindMap

将这款软件列在第一位是有原因的，它是由思维导图的发明者博赞先生亲自监制的，对“手绘”元素的体现比较好，比如，它的主推线条是很明显的弧线，并且是渐进的。除此之外，它还支持外接数位板。在2008年参加世界脑力锦标赛的时候，博赞先生送了我一套，我觉得很好用，这也是我目前最常用的思维导图软件。

对于从手绘思维导图学起的朋友们来说，这款软件是非常容易上手的。外接数位板自不必说，使用鼠标也可以像用笔一样随意拖动，增加分支。对于某些笔记本，比如我目前使用的Thinkpad X1 Yoga笔记本，还支持触屏和手写笔直接操作（小红点也兼容），相当方便。

目前，它在Windows、Mac、Android、iOS平台都有相应版本可以使用。不过，付费可能是一大缺点。

2. MindManager

这款软件应该是目前在商务场合最流行的思维导图软件，被众多外企使用。我也用过很长一段时间，个人感觉制图比较简单、明了。

或许是因为我是从手绘开始的，个人不太喜欢该软件制图的硬朗线条。但是，这种线条可能是商务人士喜欢它的原因，看起来清爽、利落。对于一直使用电脑构图的人士来说，可能会比较习惯它。

该软件同样需要购买使用。

3. Xmind

这款软件功能比较多，不仅可以绘制思维导图，还能绘制鱼骨图、二维图、树形图、逻辑图、组织结构图。它由商业公司开发，也有免费版本。

4. FreeMind

FreeMind是一款跨平台的软件。FreeMind有很多多功能的定义格式和快捷键。该软件与上面的Xmind有相似之处，构图风格有互相借鉴之处。该软件是一款免费软件。

5. MindMapper

MindMapper不仅是思维导图软件，还集合了概念图、流程图、鱼骨图、甘特图等功能。MindMapper可以与微软Office软件相互支持，提供与其他文档软件如 Word、PowerPoint、Microsoft Project、Email 和手持设备之间的双向转换导入导出功能。这一点是值得一提的。支持单向导出（将思维导图导出为其他格式文件）的软件很多，例如把思维导图导出为Word文档，我的书稿就是使用iMindMap画图之后导出的，但支持双向互导的并不多。

6. OneNote

虽然将OneNote放在后面，但是它出身名门，卓然不群。比尔·盖茨对思维导图大加赞赏，微软也开发了相关软件。OneNote就是微软出品的一款非常适合画思维导图的软件。

对于没有思维导图使用经验的人来说，这是我非常推荐的电子化笔记软件。它用起来就和一个纸质笔记本一样，你可以在屏幕的任何地方输入一段文字，再将其拖到任意位置，并且输入极为方便，比如，敲一个Tab键能帮你自动创建一个表格，敲一个算式就会自动帮你计算，等等，会让你的输入效率极高。这个软件目前也已经免费了。

7. 百度脑图

这是一款基于网络的产品，不需要安装软件。各种功能按钮很少，不会让人眼花缭乱。虽然按钮少，但是兼容性很强大，前面提到的FreeMind、Xmind等软件的对应文件都可以打开。

因为基于网络，所以该软件的保存也是直接存入云端，只要你有百度账号就可以，非常方便。不过，凡事都有利弊，因为没有在本地安装软件，所以有时候会有莫名其妙的错误，导致你半天的心血付诸东流。

8. ProcessOn

如果你喜欢在线思维导图，可以选择这一款软件。

开发ProcessOn的公司最开始是一个只有几个人的创业团队，花了差不多两年时间完善产品。这是一款基于HTML5 Canvas开发的在线作图工具，初期仅仅作了业务流程梳理，现在已支持9种以上不同类型的作图方式，包括流程图、思维导图、原型图、UML、网络拓扑图等。另外，ProcessOn支持实时协作，可以邀请你的小伙伴加入协作，还可以在画图过程中一起讨论和修改，这些都是实时的。

软件当然还有很多很多，我自己用过的、知道的就有几十种，但是没有必要一个一个介绍。这是因为，最关键的并不是软件，某个软件只是会在某个方面让你感觉更加方便而已，真正重要的是你自己的思维。要知道，思维导图软件是因为思维导图才出现的，最开始的时候可没有这些软件！

实例

五言绝句

梅花／梅

王安石

墙角数枝梅，凌寒独自开。
遥知不是雪，为有暗香来。

译文

墙角有几枝梅花，冒着严寒独自开放。

为什么远远就知道不是雪呢？因为有幽香传来。

记忆方法

下页这幅图一目了然，相信不需要我来解释什么了。学习的初期，可以按照这张图，把原文也写在图上，这样对照起来更加方便。

不过，图中的《暗香》这部电视剧说实话连自诩见多识广，从《逻辑哲学论》到《盗墓笔记》、从《量子力学》到《三生三世十里桃花》无一不看的我也没有听说过……我这么说，是不是代表他画得不对呢？不是！正相反，思维导图里面的各种配图、符号、代码等元素只需要自己明白就可以了，别人是不是熟悉一点都不重要，因为这张图是帮助你而不是别人来进行记忆的。

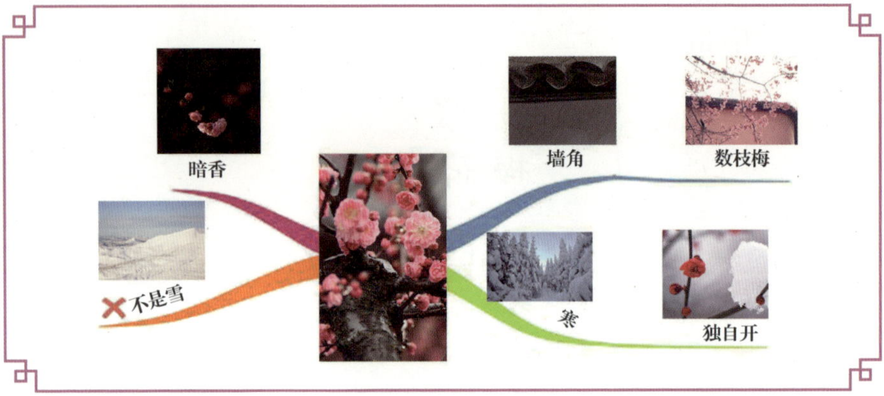

◆ 作者 沈媛琪

如果让我来配，我可能会选择配一个沙宝亮（流行歌曲《暗香》的演唱者）的头像上去，当年看过《金粉世家》的朋友们应该都对这部电视剧及其主题曲《暗香》的火爆程度记忆犹新。但是，我们某些00后可能连陈坤、沙宝亮是谁都不一定知道，可能他们对于王俊凯更熟悉，在这件事上没有对错，正所谓“江山代有才人出，各领风骚数百年”，我们只需要选择最适合我们的就可以了。

下页这幅图是一种比较“偷懒”的画法，中心图的地方只是简单写了几个字。在我们时间比较紧迫的情况下，这也是可以的。不过，如果时间允许的话，建议还是如上图那样完善一下，因为这样效果最佳。

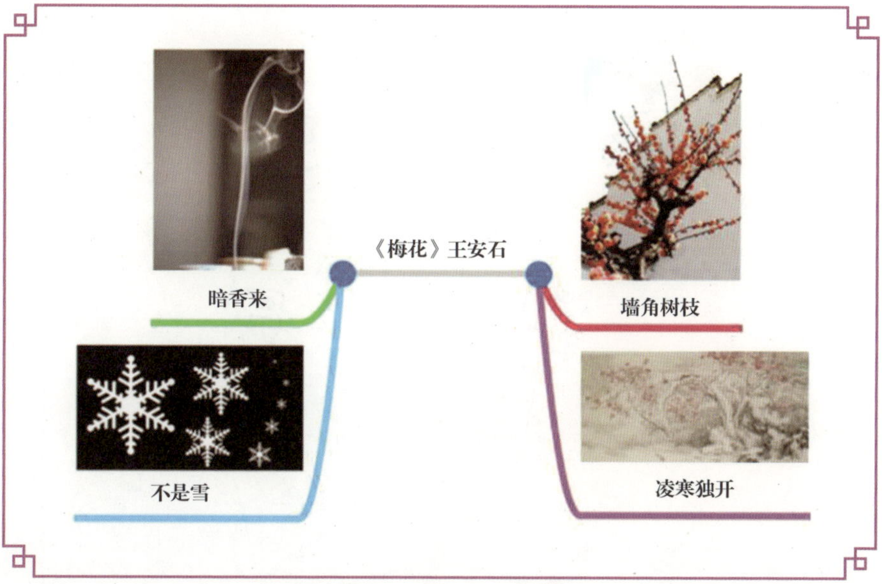

◆ 作者 马菁菁

看完了软件绘图，后面是两幅手绘思维导图，读者朋友们可以仔细观察、品味，选择适合自己风格的进行模仿、学习。

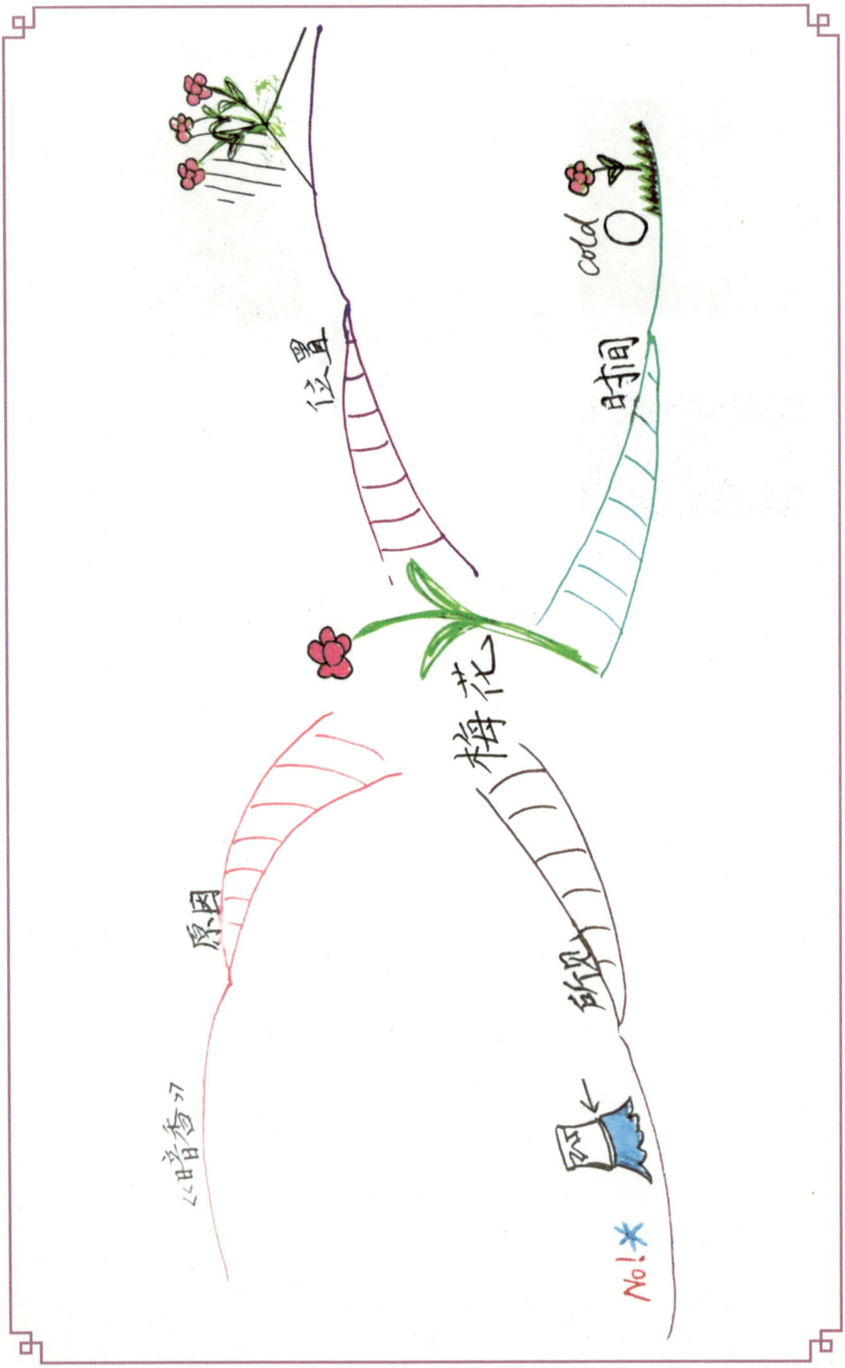

◆ 作者 王南竹

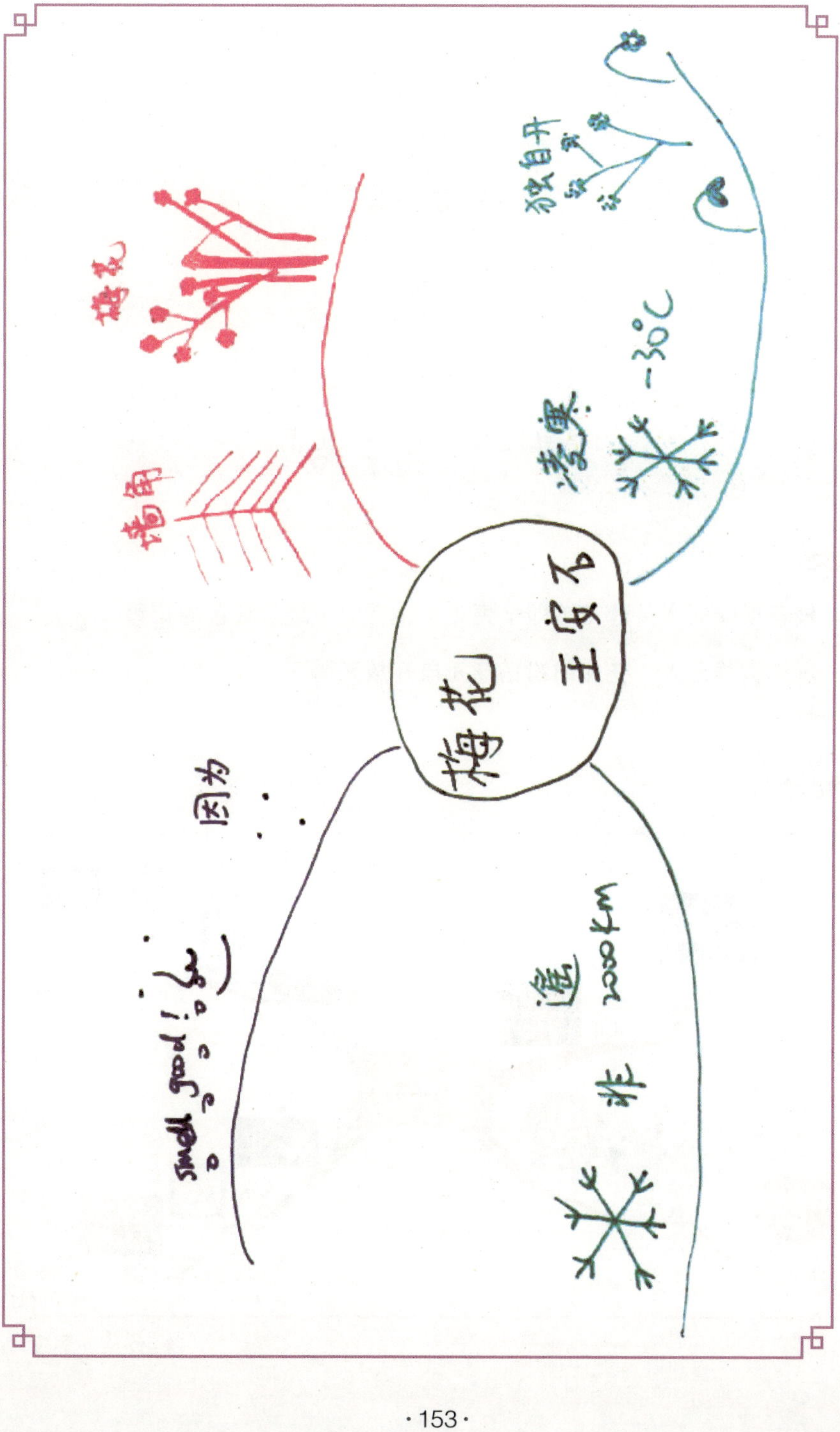

◆ 作者 李建俊

辛夷坞

王维

木末芙蓉花，山中发红萼。
涧户寂无人，纷纷开且落。

译文

枝条顶端的木芙蓉花（即辛夷花），在山中绽放红色的花萼。

涧口寂静无人，花儿纷纷扬扬兀自开放又落下。

记忆方法

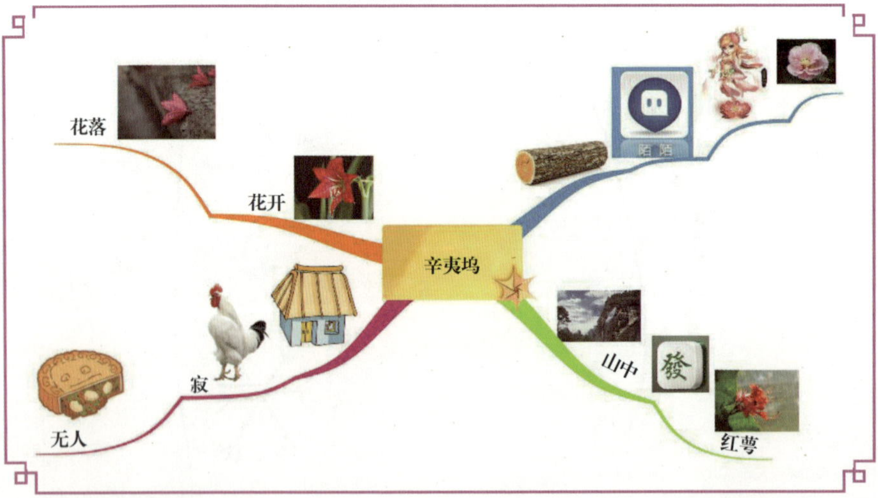

◆ 作者 于飞鸿

鹿柴

王维

空山不见人，但闻人语响。

返景入深林，复照青苔上。

译文

空寂的山中看不见人，只听到一阵人语声。

太阳的余晖返入深林，又照到林中青苔上。

记忆方法

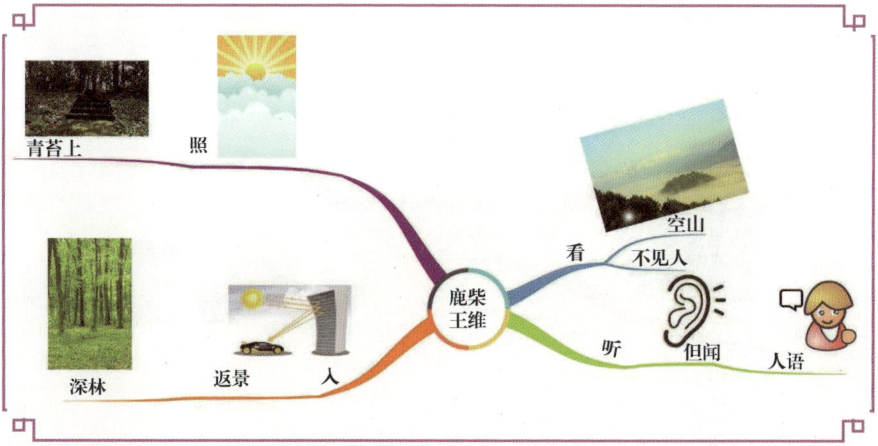

◆ 作者 董佳灵（初稿） 郑才千（定稿）

竹里馆

王维

独坐幽篁里，弹琴复长啸。

深林人不知，明月来相照。

译文

独自坐在幽深的竹林里，时而弹琴，时而长啸。

我在幽深的竹林里无人知晓，只有明月来相照。

记忆方法

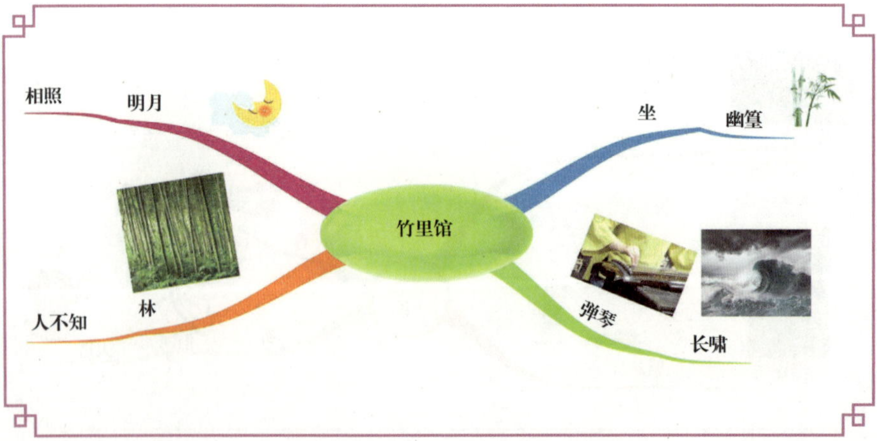

◆ 作者 王蔚云

乐游原/登乐游原

李商隐

向晚意不适，驱车登古原。
夕阳无限好，只是近黄昏。

译文

傍晚心情不好，驾车登上古原。

夕阳无限美好，只是已近黄昏。

记忆方法

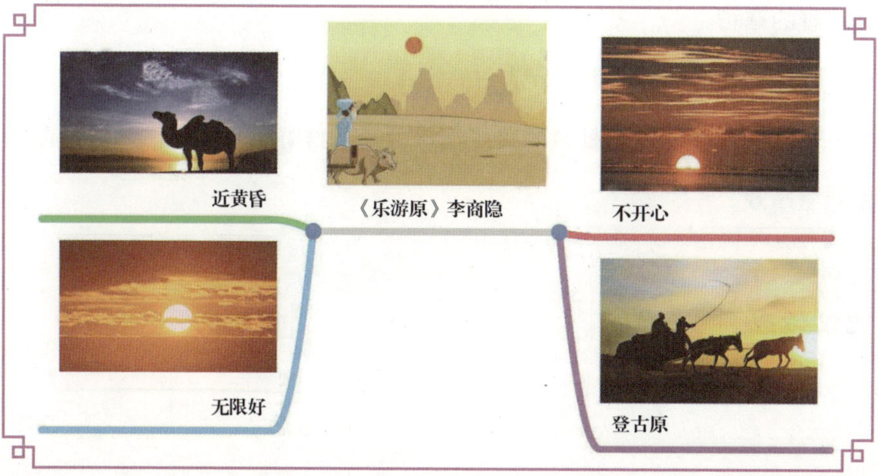

◆ 作者 马菁菁

五言律诗

商山早行

温庭筠

晨起动征铎，客行悲故乡。
鸡声茅店月，人迹板桥霜。
槲叶落山路，枳花明驿墙。
因思杜陵梦，凫雁满回塘。

译文

清晨起床，车马的铃铎已震动。踏上旅途的游子悲思故乡。

鸡声嘹亮，茅草客店还沐浴着月亮的余辉。足迹依稀，木板桥上覆盖着早春的寒霜。

枯败的槲叶落满了山路，淡白的枳花映亮驿站的墙。

因而想起夜里梦见杜陵的美好情景，一群群野鸭和雁正在岸边弯曲的湖塘里嬉戏。

记忆方法

见下页图。

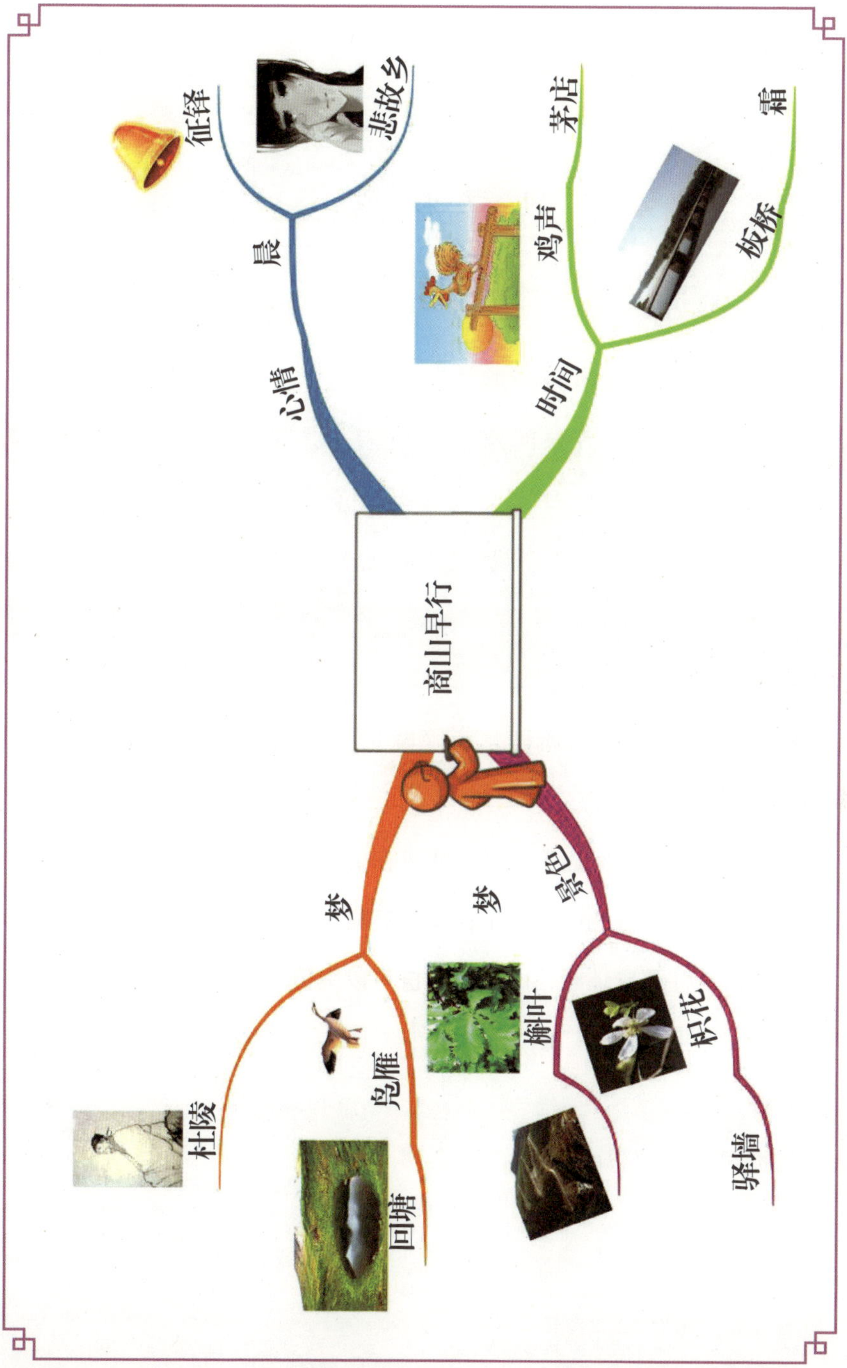

◆ 作者 王蔚云（初稿） 郑才千（定稿）

山居秋暝

王维

空山新雨后，天气晚来秋。
明月松间照，清泉石上流。
竹喧归浣女，莲动下渔舟。
随意春芳歇，王孙自可留。

译文

空旷的山沐浴了一场新雨，夜晚降临，空气凉爽，让人感觉已是秋天。

明月从松林的缝隙间洒下月光，清泉在山石上淙淙流淌。

竹林喧响，是洗衣姑娘归来了；莲叶轻摇，是上游荡下了轻舟。

春日的芳菲任随它消歇，山中王孙自可以久留。

记忆方法

见下页图。

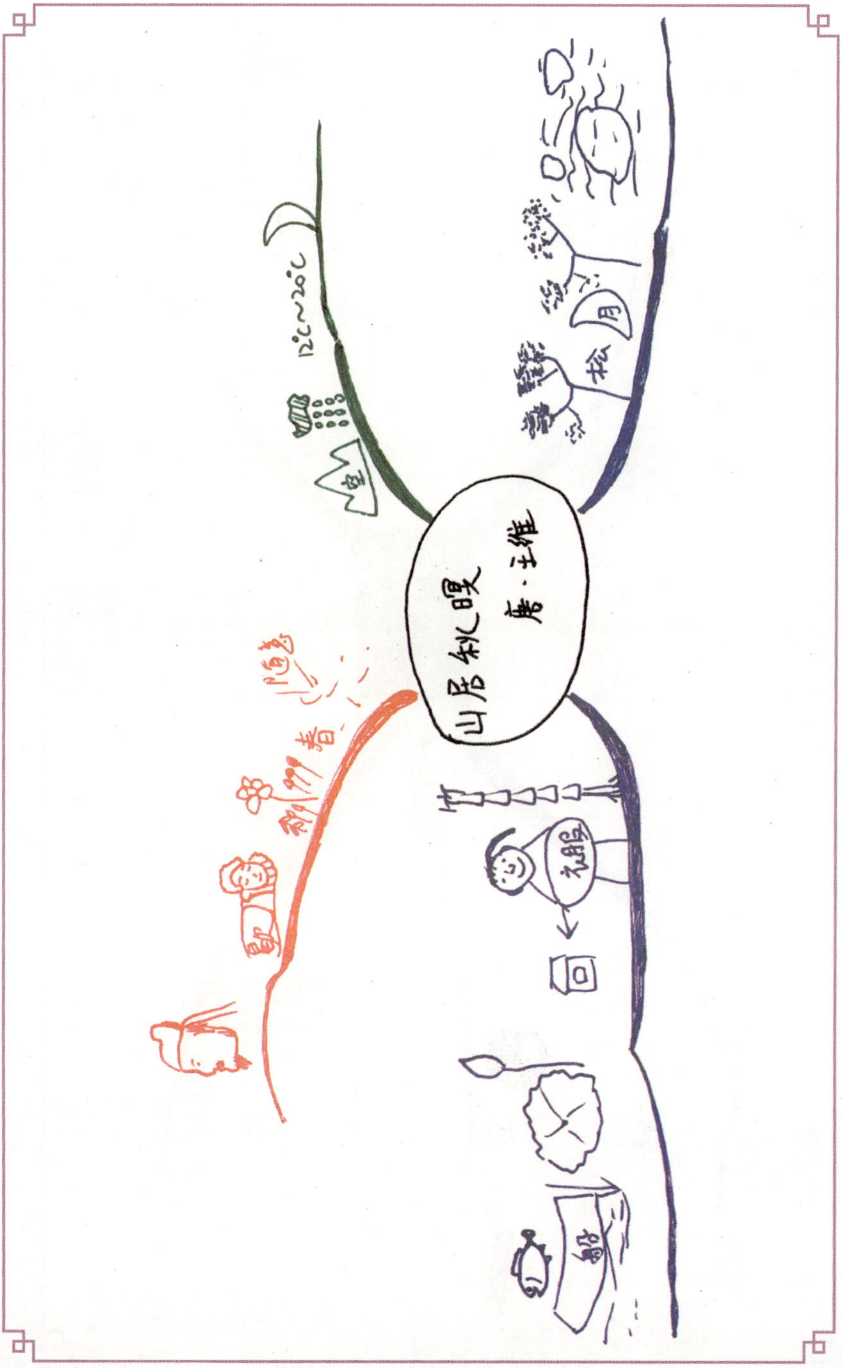

◆ 作者 李建俊

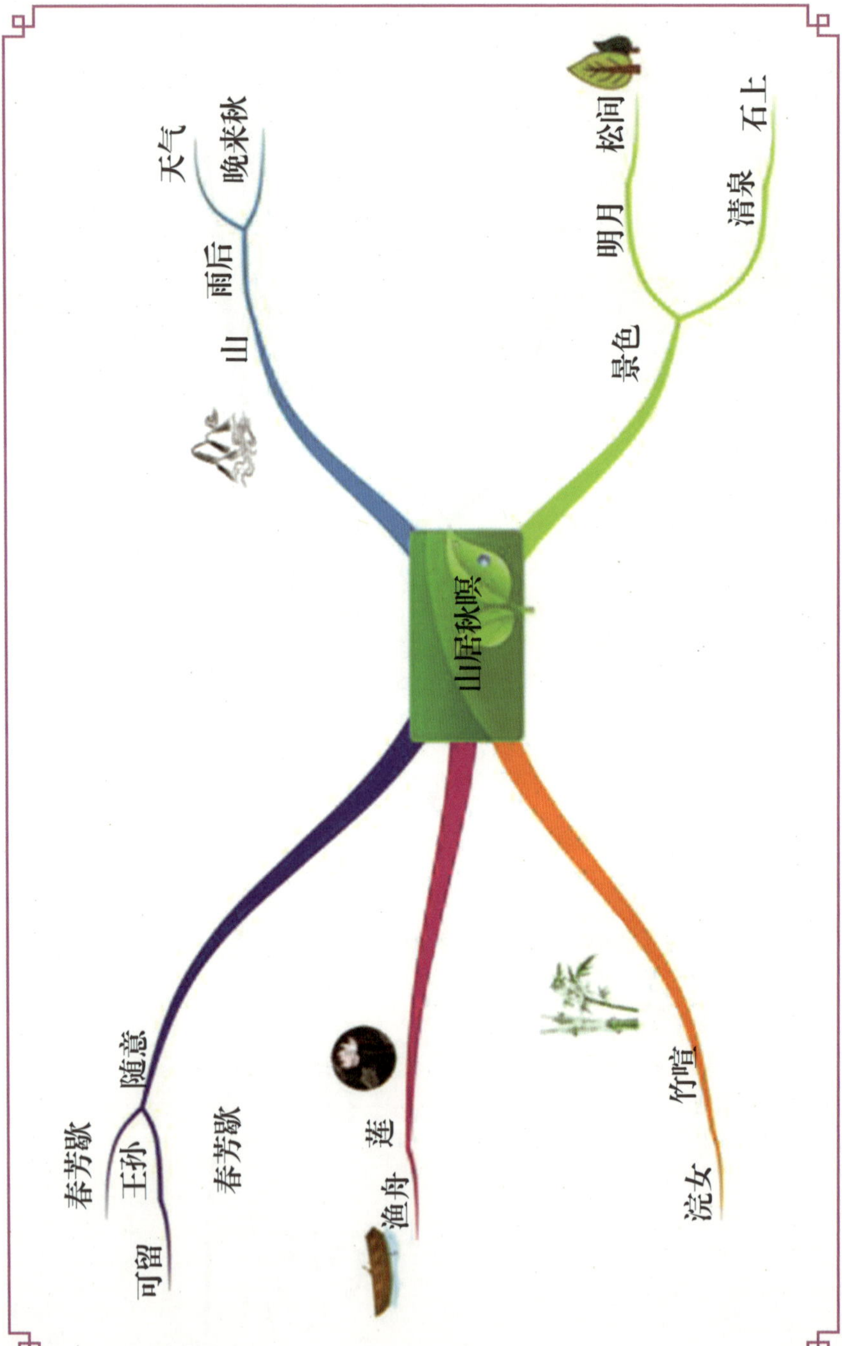

◆ 作者 王蔚云

过故人庄

孟浩然

故人具鸡黍，邀我至田家。
绿树村边合，青山郭外斜。
开轩面场圃，把酒话桑麻。
待到重阳日，还来就菊花。

译文

老朋友预备了丰盛的饭菜，邀请我到他家。

翠绿的树林围绕着村落，青山在城外横卧。

推开窗户面对谷场菜园，举起酒杯闲谈庄稼的情况。

等到重阳节时，再请您来观赏菊花。

记忆方法

见下页图。

◆ 作者 王蔚云

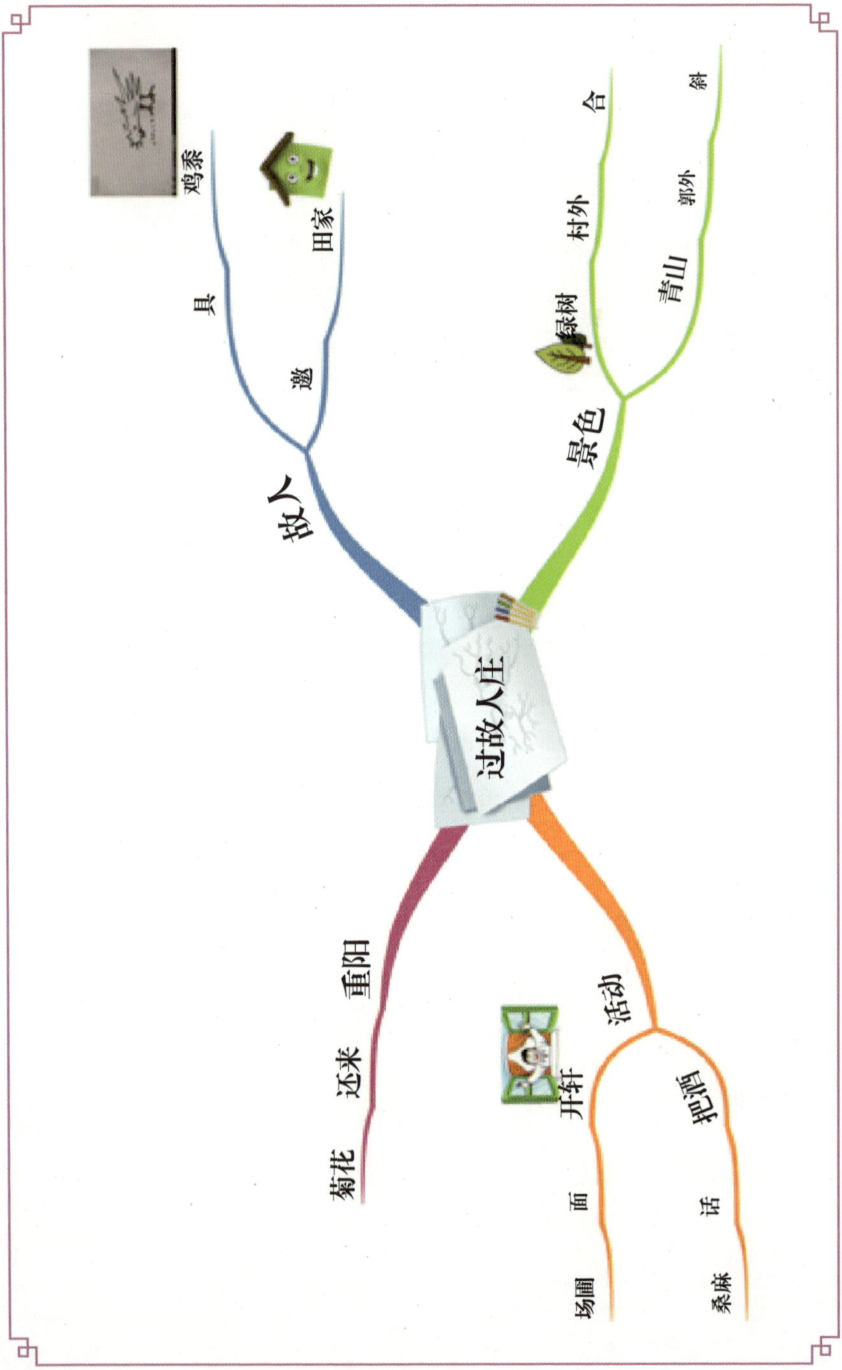

春夜喜雨

杜甫

好雨知时节，当春乃发生。
随风潜入夜，润物细无声。
野径云俱黑，江船火独明。
晓看红湿处，花重锦官城。

译文

好雨似乎会挑选时辰，正当春天时降临。

随风悄悄进入夜幕，滋润万物没有一点声音。

浓浓乌云笼罩田野小路，只有江中渔船上的灯火独自亮着。

早晨再看带露的鲜花，成都必将繁花盛开。

记忆方法

见下页图。

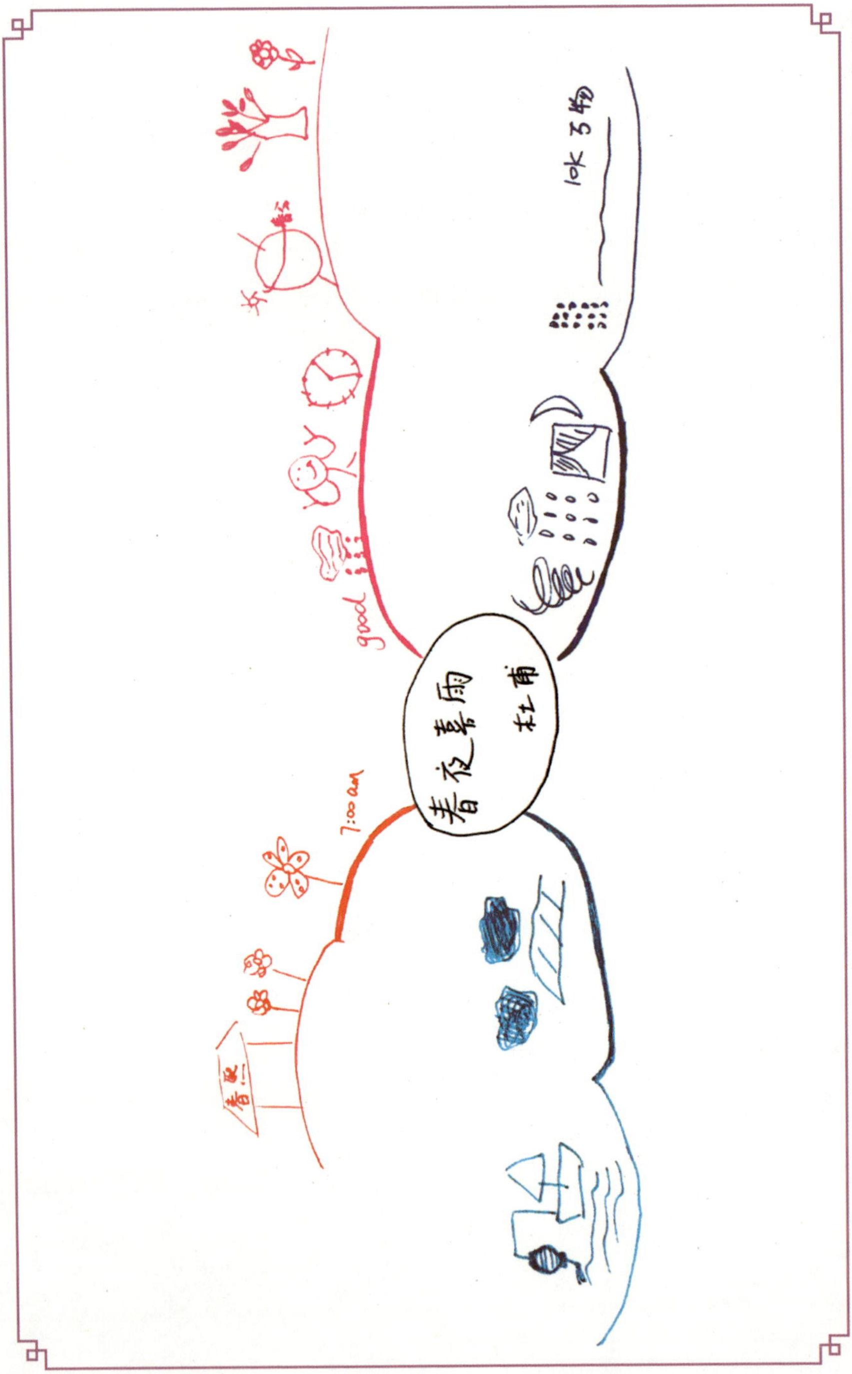

◆ 作者 李建俊

使至塞上

王维

单车欲问边，属国过居延。
征蓬出汉塞，归雁入胡天。
大漠孤烟直，长河落日圆。
萧关逢候骑，都护在燕然。

译文

（我）轻车简从想去慰问边疆，路经的属国已经远过了居延。

我就像蓬草飘出汉塞，又像北归的大雁翱翔在胡人的天空。

沙漠中孤烟直上，黄河边落日浑圆。

到萧关遇见骑马的侦察兵，都护正在燕然前线。

记忆方法

见下页图。

◆ 作者 李建俊

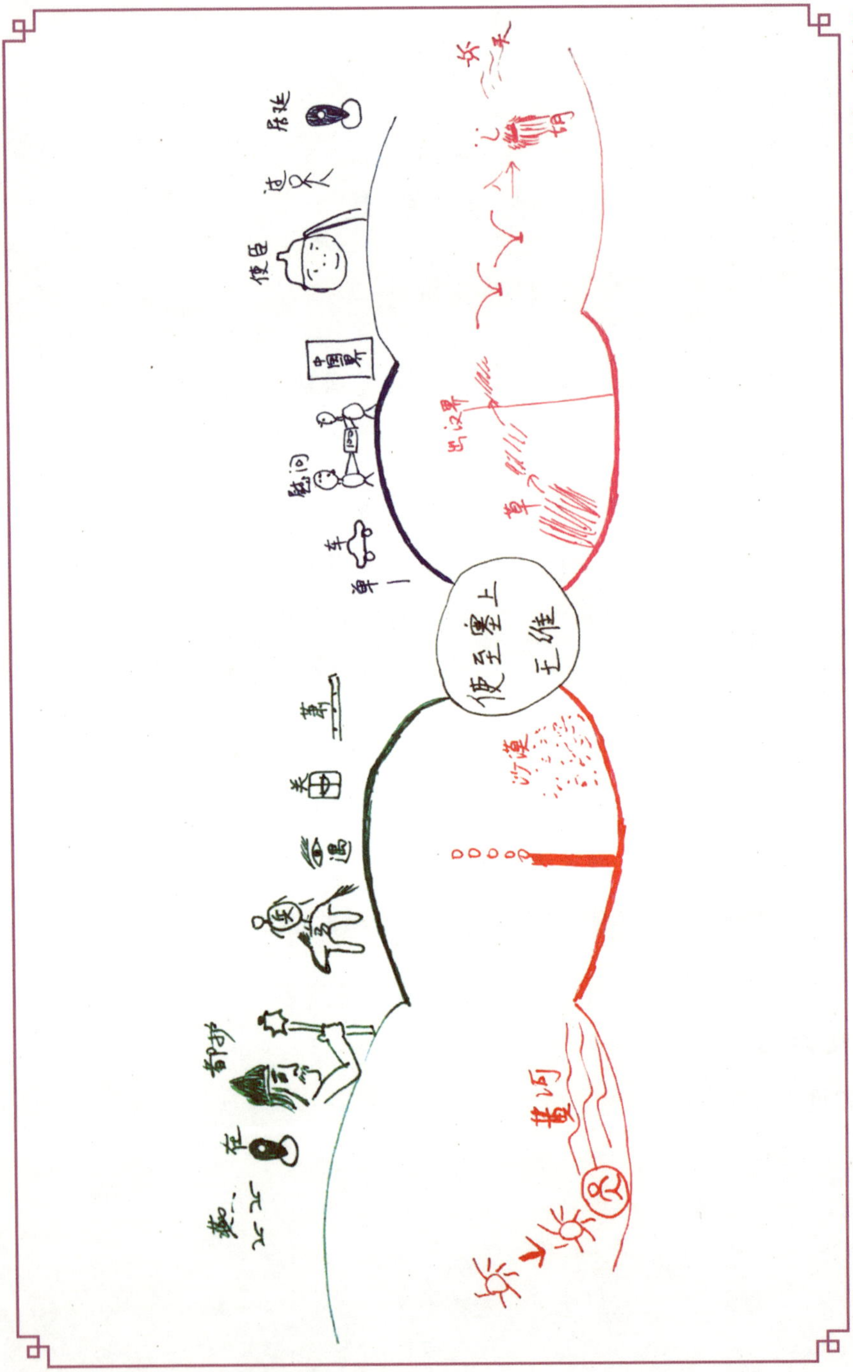

七言绝句

滁州西涧

韦应物

独怜幽草涧边生，上有黄鹂深树鸣。
春潮带雨晚来急，野渡无人舟自横。

译文

我怜爱生长在涧边的幽草，黄鹂在幽深的树丛中鸣叫。

春潮夹带着暮雨流得湍急。荒野的渡口没有人，只有小舟横向江心。

记忆方法

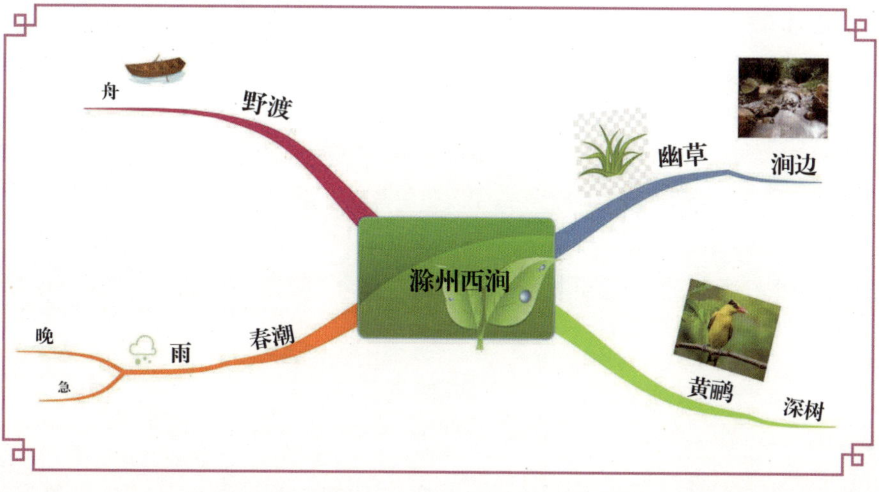

◆ 作者 王蔚云

早春呈水部张十八员外

韩愈

天街小雨润如酥，草色遥看近却无。
最是一年春好处，绝胜烟柳满皇都。

译文

京城大道上空的小雨酥油般细密而滋润。远远看去，草色远望连成一片，近看时却稀疏零星。

这是一年中最美的季节，远胜过绿柳满城的暮春。

记忆方法

见下页图。

◆作者 丛妍

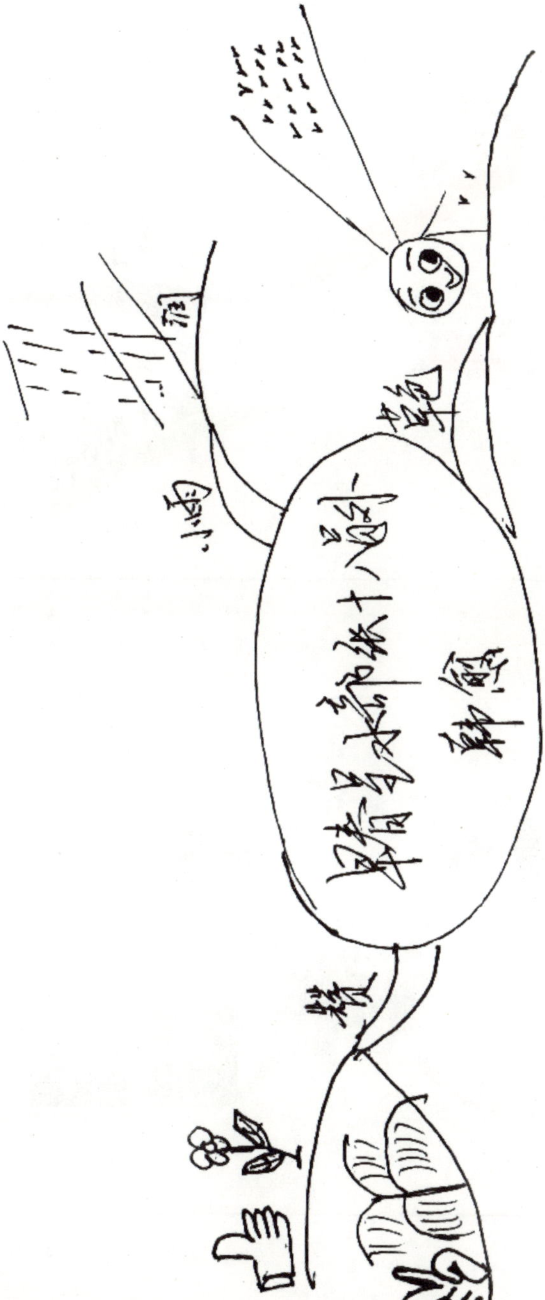

早春呈水部张十八员外
绝胜
满皇都
润如酥
遥
近却无
最是一年
处

◆ 作者 刘逸清

早春呈水部
张十八员外
韩愈
Win!
润如酥
GOOD
春
a year
最是
NO

◆ 作者 左子禾

出塞·其一

王昌龄

秦时明月汉时关，万里长征人未还。
但使龙城飞将在，不教胡马度阴山。

译文

依旧是秦汉时的明月和边关，将士们征战万里，没有人回还。

倘若龙城的飞将李广还在，绝不会让匈奴的兵马跨过阴山。

记忆方法

见下页图。

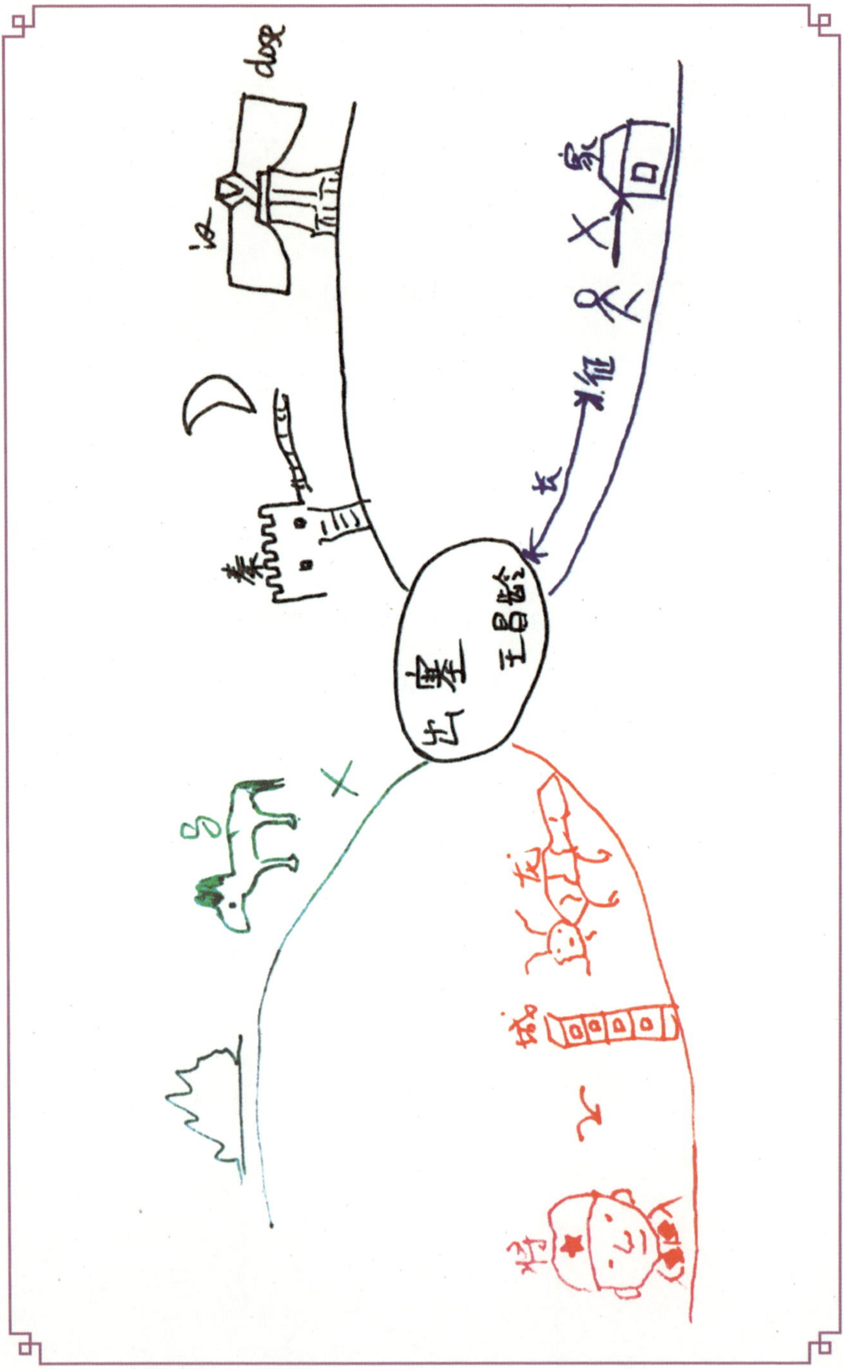

◆ 作者 李建俊

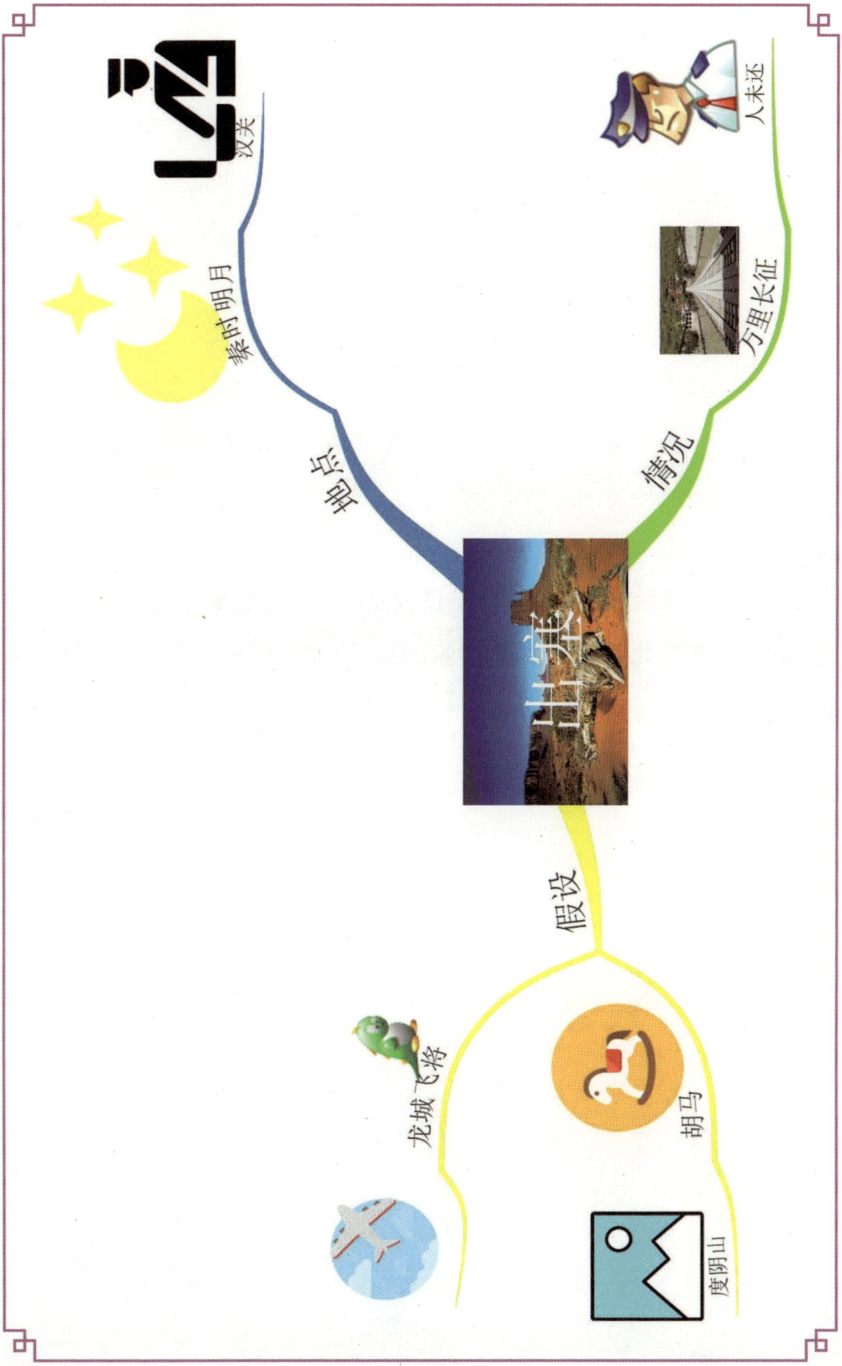

◆ 作者 李旭（初稿） 郑才千（定稿）

示儿

陆游

死去元知万事空，但悲不见九州同。

王师北定中原日，家祭无忘告乃翁。

译文

我本来知道死后万事皆空，唯一使我痛心的就是没能看到祖国统一。

当朝廷的军队北上收复中原失地之日，家祭的时候千万别忘把这好消息告诉我！

记忆方法

见下页图。

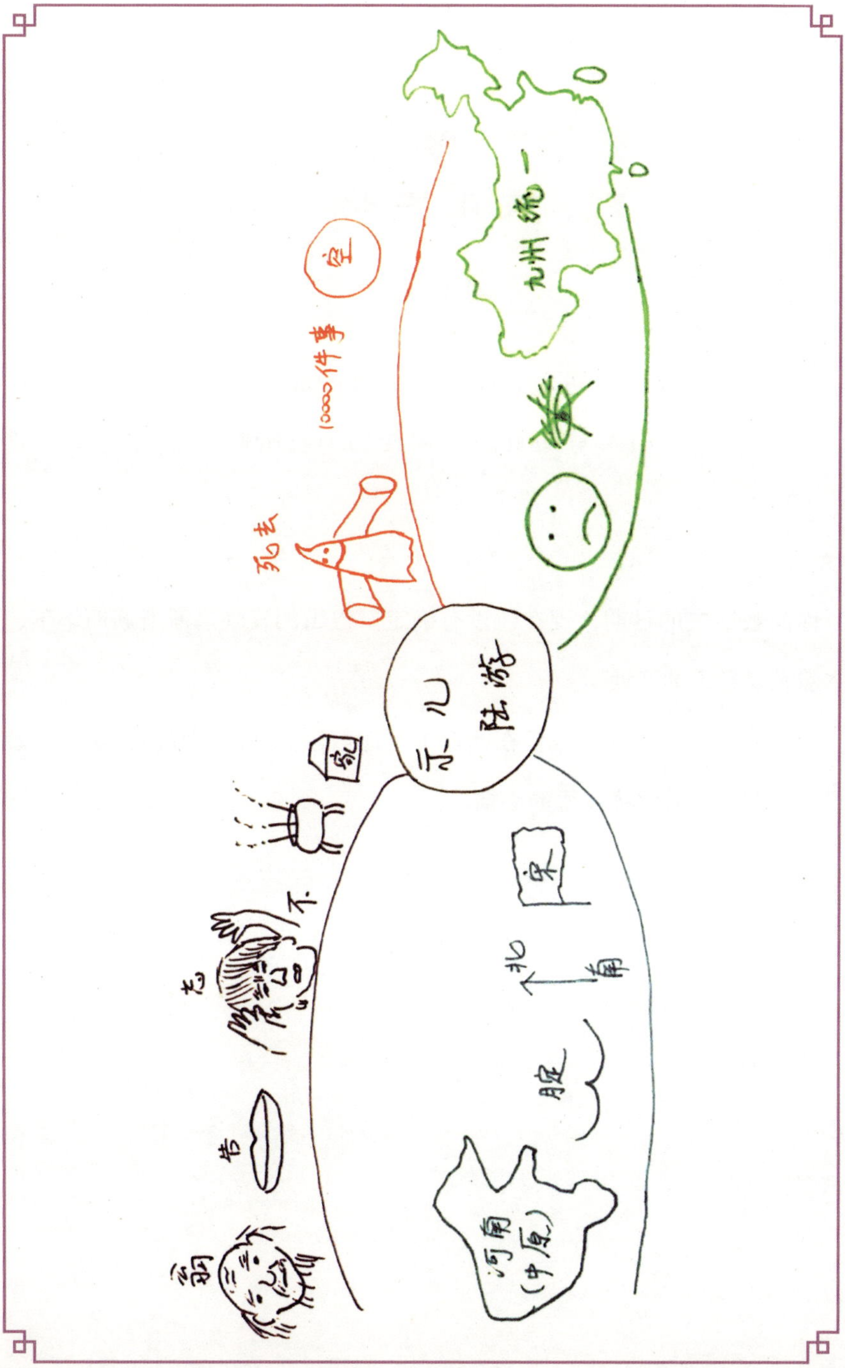

◆ 作者 李建俊

夜雨寄北

李商隐

君问归期未有期，巴山夜雨涨秋池。
何当共剪西窗烛，却话巴山夜雨时。

译文

你问我回去的日期，现在还没有确定。巴山的夜晚雨淅淅沥沥地下，雨水涨满了秋天的河池。

什么时候回到家乡，我们在西窗下一起剪烛。那时，我对你说说今晚在巴山作客时听着绵绵夜雨的心情。

记忆方法

见下页图。

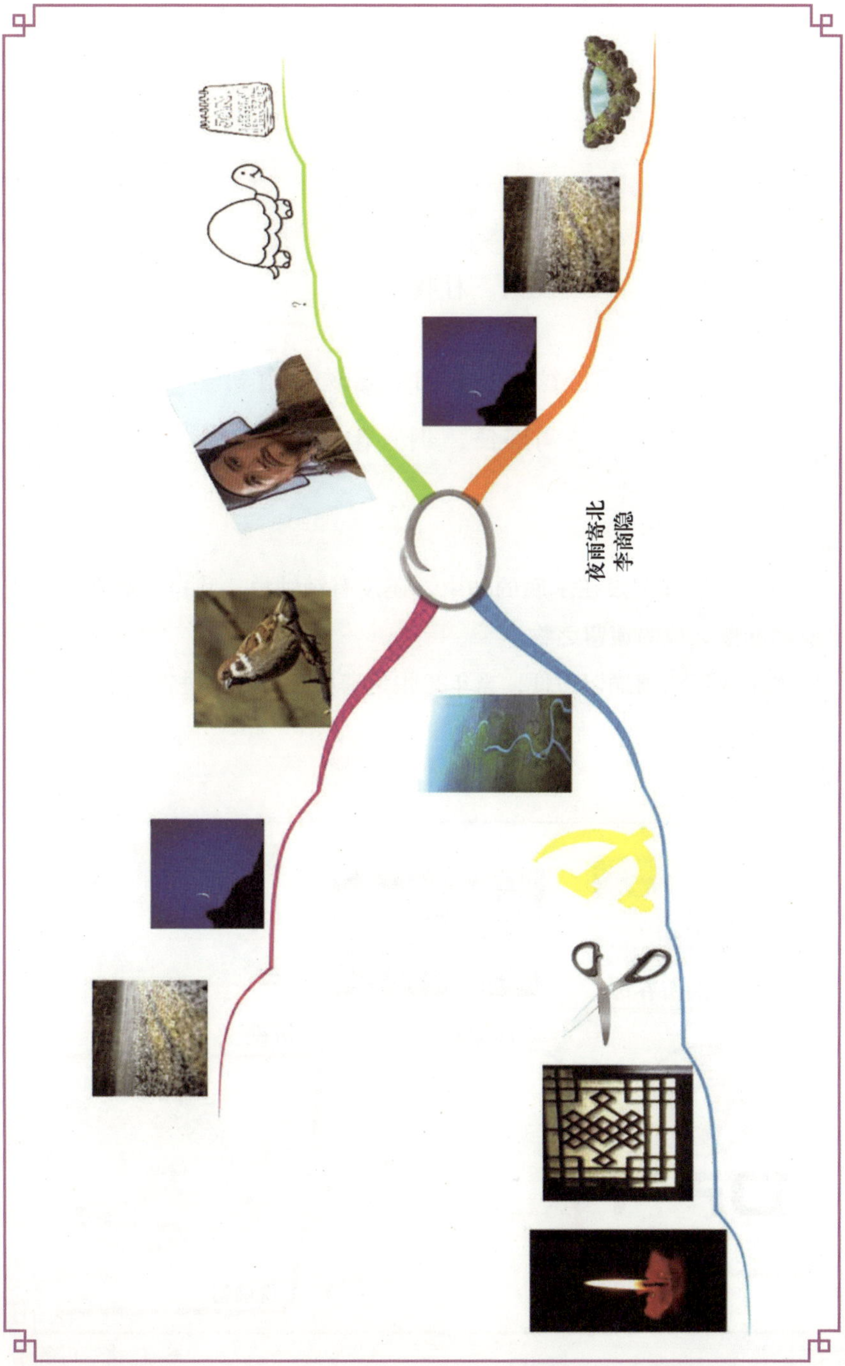

◆作者 李瑞婵（初稿） 郑才千（定稿）

赤 壁

杜牧

折戟沉沙铁未销，自将磨洗认前朝。

东风不与周郎便，铜雀春深锁二乔。

译文

折断了的铁戟沉没在水底的沙中，还没有销蚀掉，我自己磨洗后发现这是前朝赤壁之战的遗留之物。

假如东风不给周瑜以方便，当年恐怕是曹操把二乔关进铜雀台。

记忆方法

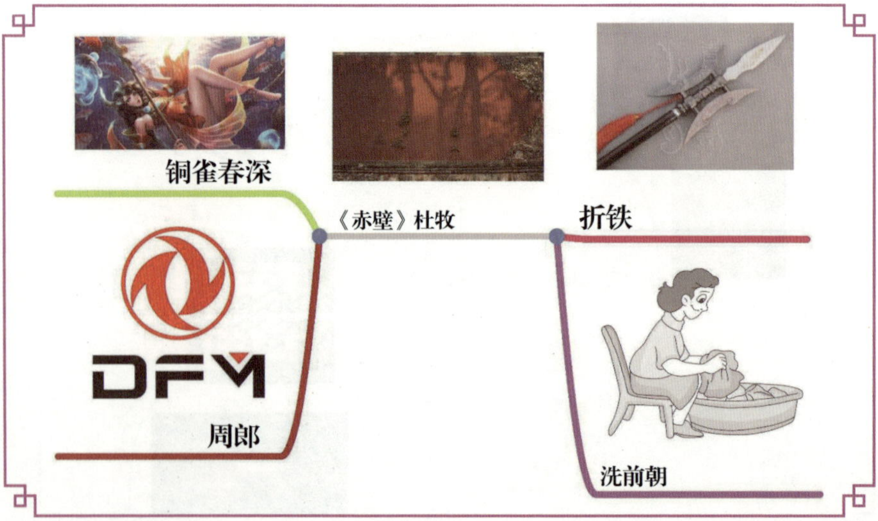

◆ 作者 马菁菁

前面的配图非常具有时代感，在“铜雀春深锁二乔”这一句配上了手机游戏《王者荣耀》中的大乔形象，相信经常玩的同学看到这张图一定会印象深刻。

所以，无论是看电影还是玩游戏还是看书，并没有什么好坏之分，只要控制得当，并且找到合适的角度，都可以对我们的学习产生好处。反之，如果控制不好，即便是看“正经书”也可能损害学习：假设你一心阅读各种世界名著，对于学校课程漠不关心，成绩会好吗？

山行

杜牧

远上寒山石径斜，白云生处有人家。
停车坐爱枫林晚，霜叶红于二月花。

译文

山石小路远上山峰，弯弯又斜斜，白云生发之处还有几户人家。

把马车停下只因爱那枫林晚景，霜染的枫叶胜过鲜艳的二月的花。

记忆方法

◆ 作者 马菁菁

九月九日忆山东兄弟

王维

独在异乡为异客，每逢佳节倍思亲。

遥知兄弟登高处，遍插茱萸少一人。

译文

独自流落他乡做异地之客，每逢佳节良辰越发思念亲人。

遥想今日，兄弟们又在登高，他们佩戴茱萸，却少我一人。

记忆方法

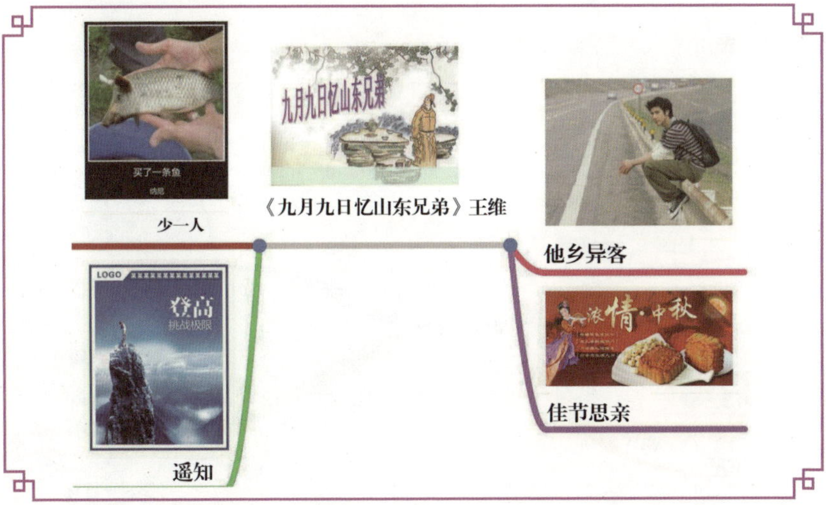

◆ 作者 马菁菁

注意，图上不是一条鱼，是一条“猪鱼”，对应“茱萸”。

早发白帝城

李白

朝辞白帝彩云间，千里江陵一日还。
两岸猿声啼不住，轻舟已过万重山。

译文

早晨，我辞别彩云缭绕的白帝城。千里之外的江陵，船行只要一天就到达。

两岸的猿声还在耳边不停啼叫，轻舟已驶过了万重青山。

记忆方法

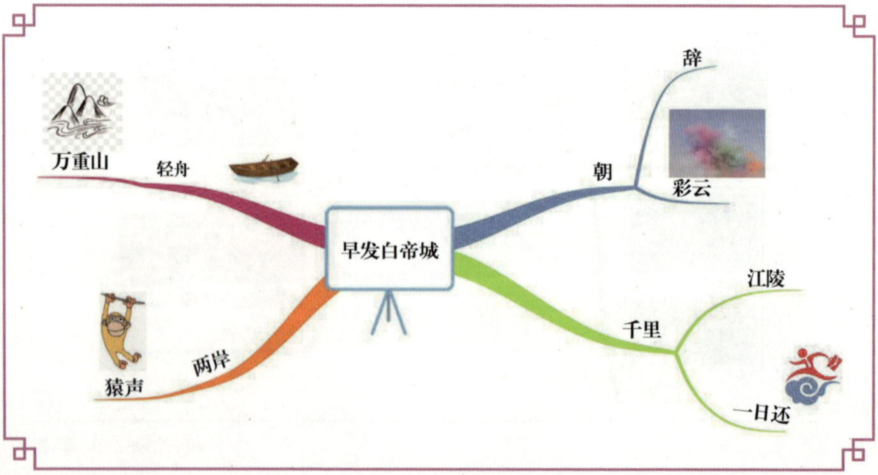

◆ 作者 王蔚云

渭城曲

王维

渭城朝雨浥轻尘，客舍青青柳色新。
劝君更尽一杯酒，西出阳关无故人。

译文

渭城早晨的雨沾湿了轻尘，旅馆周围青青的柳树格外清新。
请你再干一杯饯别酒吧，向西出了阳关再也没有老朋友。

记忆方法

◆ 作者 马菁菁

七言律诗

黄鹤楼

崔颢

昔人已乘黄鹤去，此地空余黄鹤楼。
黄鹤一去不复返，白云千载空悠悠。
晴川历历汉阳树，芳草萋萋鹦鹉洲。
日暮乡关何处是？烟波江上使人愁。

译文

过去的仙人已经驾着黄鹤飞走，这里只留下空荡荡的黄鹤楼。

黄鹤一去再也没有回来，千百年来只看见天上悠悠的白云。

阳光照耀下的汉阳树木清晰可见，鹦鹉洲上有一片碧绿的芳草。

天色已晚，故乡在哪儿呢？一片雾霭笼罩江面，给人带来深深的忧愁。

记忆方法

见下页图。

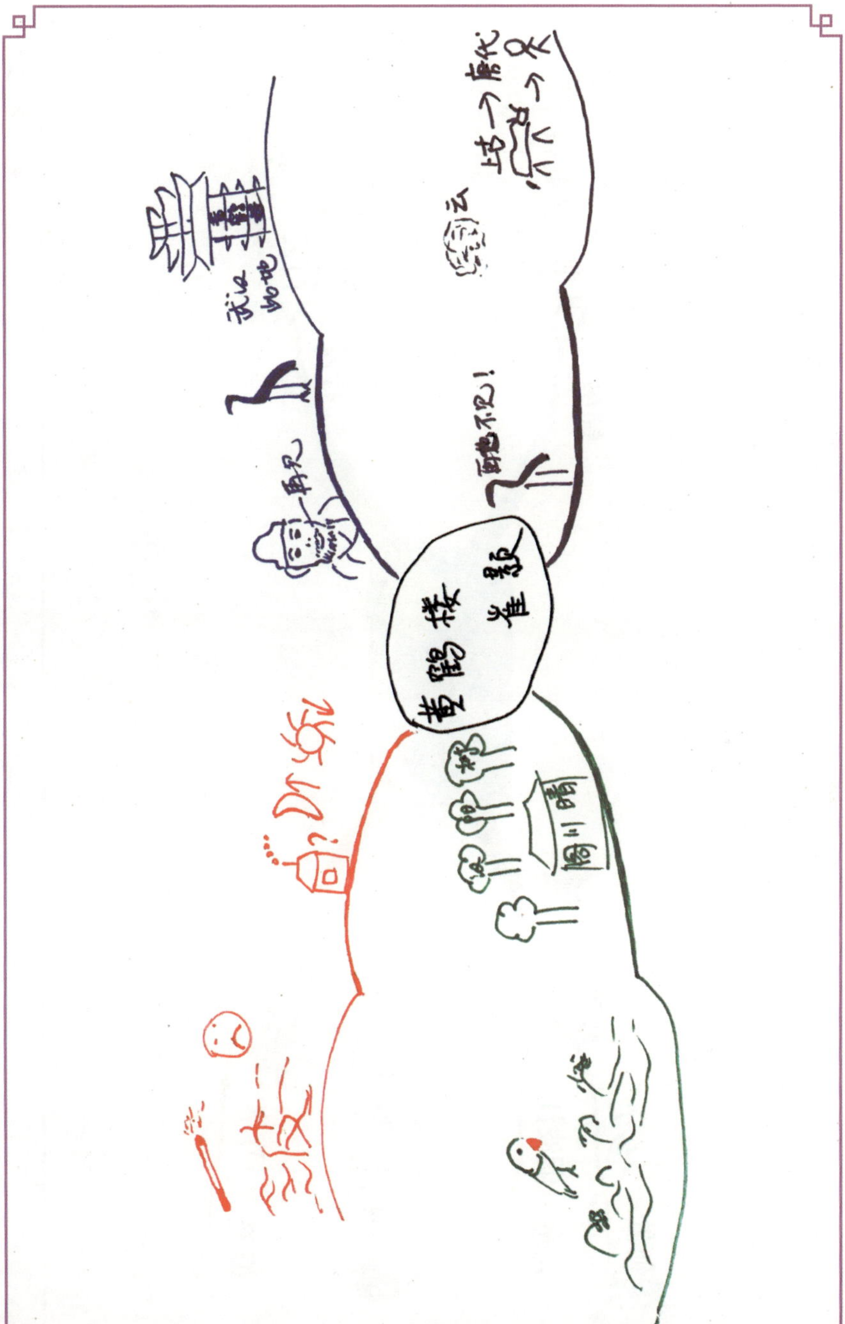

◆ 作者 李建俊

◆ 作者 王蔚云

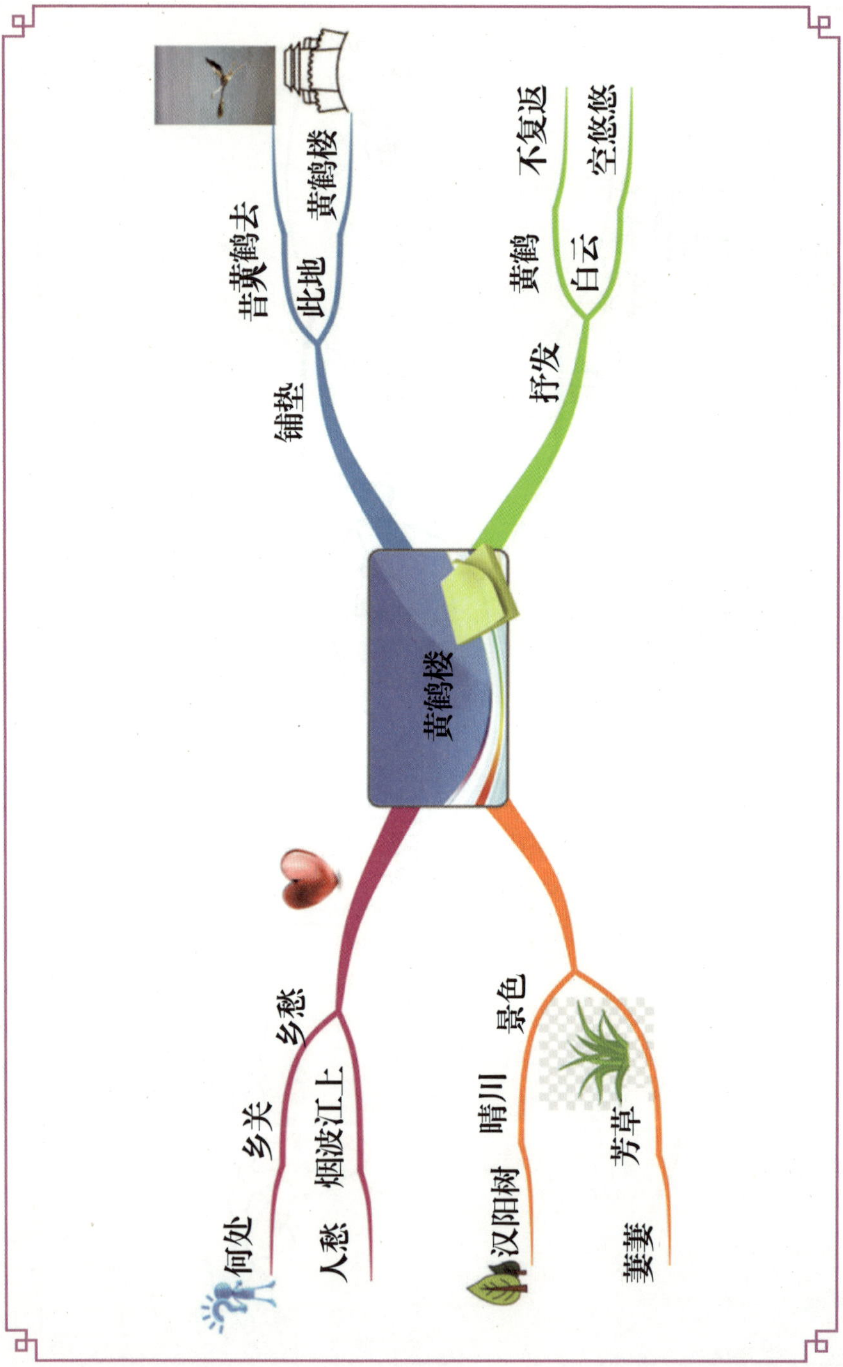

登高

杜甫

风急天高猿啸哀，渚清沙白鸟飞回。
无边落木萧萧下，不尽长江滚滚来。
万里悲秋常作客，百年多病独登台。
艰难苦恨繁霜鬓，潦倒新停浊酒杯。

译文

风急天高，猿猴啼叫显得非常悲哀。水清沙白的河洲上，鸟儿在盘旋。

无边无际的落叶萧萧飘下，没有尽头的长江水滚滚而来。

以悲伤的心情面对秋天，感伤自己万里漂泊、客行他乡。一生中各种疾病缠身，如今独上高台。

艰难苦恨让我双鬓皆白，颓废潦倒让我停下了借以浇愁的酒杯。

记忆方法

见下页图。

◆ 作者 薛峰

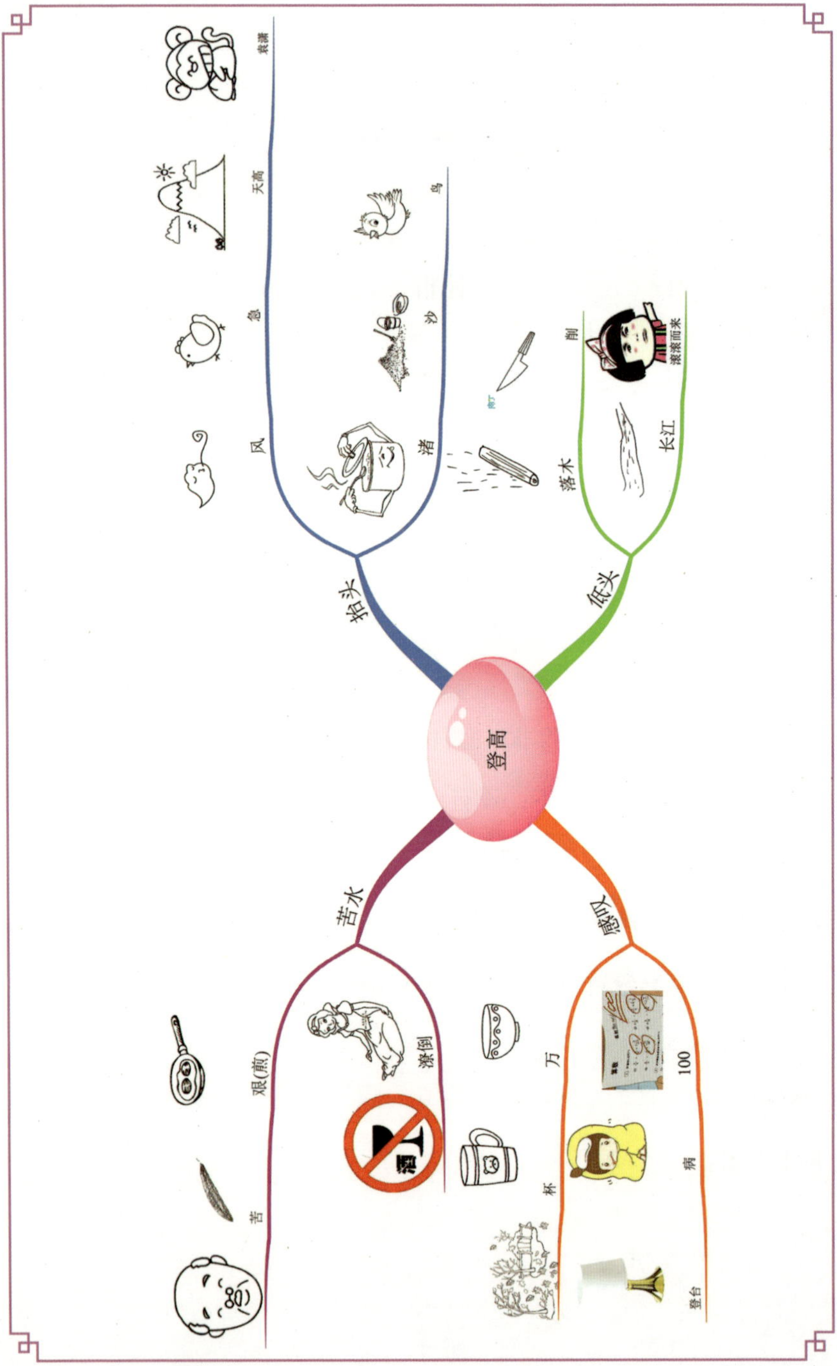

钱塘湖春行

白居易

孤山寺北贾亭西，水面初平云脚低。
几处早莺争暖树，谁家新燕啄春泥。
乱花渐欲迷人眼，浅草才能没马蹄。
最爱湖东行不足，绿杨阴里白沙堤。

译文

走过孤山寺以北，漫步贾公亭以西。湖水涨潮与堤齐平，显得白云很低。

几只早出的黄莺争着向阳的暖树，谁家新飞来的燕子衔着春泥筑巢。

野花争相绽放，逐渐要迷住人的眼，浅浅的春草才刚刚能够遮没马蹄。

最爱在湖东步行欣赏看不够的美景，杨柳的树荫下还穿过一条白沙堤。

记忆方法

见下页图。

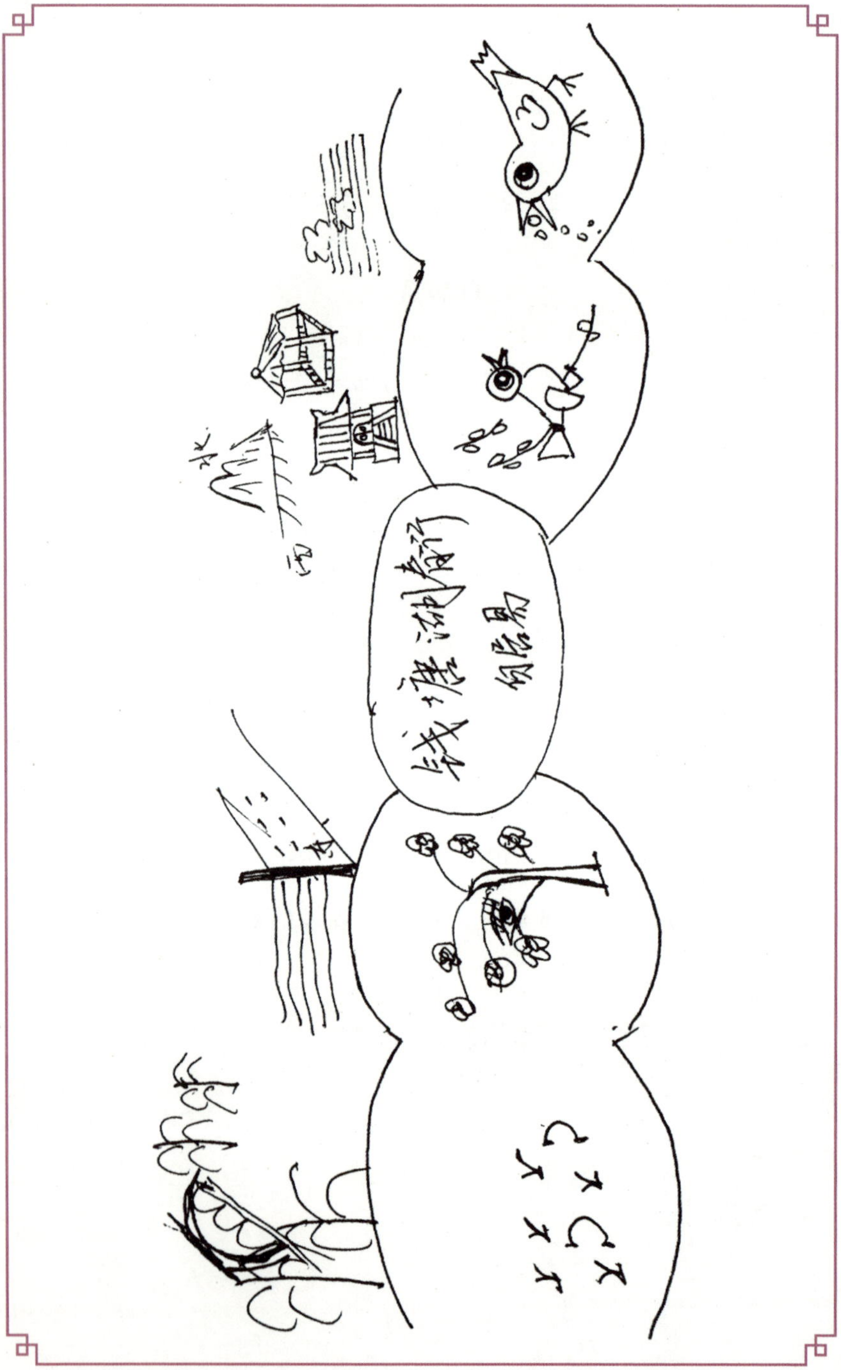

◆作者 丛妍

词

如梦令·常记溪亭日暮

李清照

常记溪亭日暮，沉醉不知归路。
兴尽晚回舟，误入藕花深处。
争渡，争渡，惊起一滩鸥鹭。

译文

经常记起在溪边的亭子游玩直到日暮时分，沉醉在其中而不愿意回去。
兴尽之后很晚才往回划船，不小心进入了荷花池深处。
怎么渡，怎么渡？惊起水边满滩鸥鹭。

记忆方法

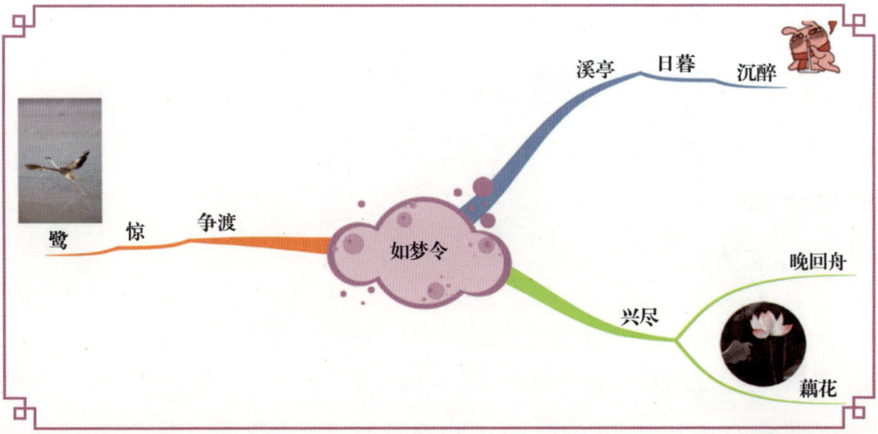

◆ 作者 王蔚云

蝶恋花·伫倚危楼风细细

柳永

伫倚危楼风细细。望极春愁，黯黯生天际。草色烟光残照里，无言谁会凭阑意。

拟把疏狂图一醉。对酒当歌，强乐还无味。衣带渐宽终不悔，为伊消得人憔悴。

译文

我倚着高楼伫立时，有细细的春风吹来。望不尽的春日离愁，仿佛从天际升起。碧绿的草色和飘忽缭绕的云霭雾气掩映在夕阳的余晖里，谁能理解我默默凭倚栏杆时的心意？

本想尽情放纵，喝个一醉方休。举杯高歌，勉强求乐反而感到毫无滋味。我日渐消瘦也不觉得懊悔，为了她情愿一身憔悴。

记忆方法

见下页图。

◆ 作者 李建俊

◆ 作者 王蔚云

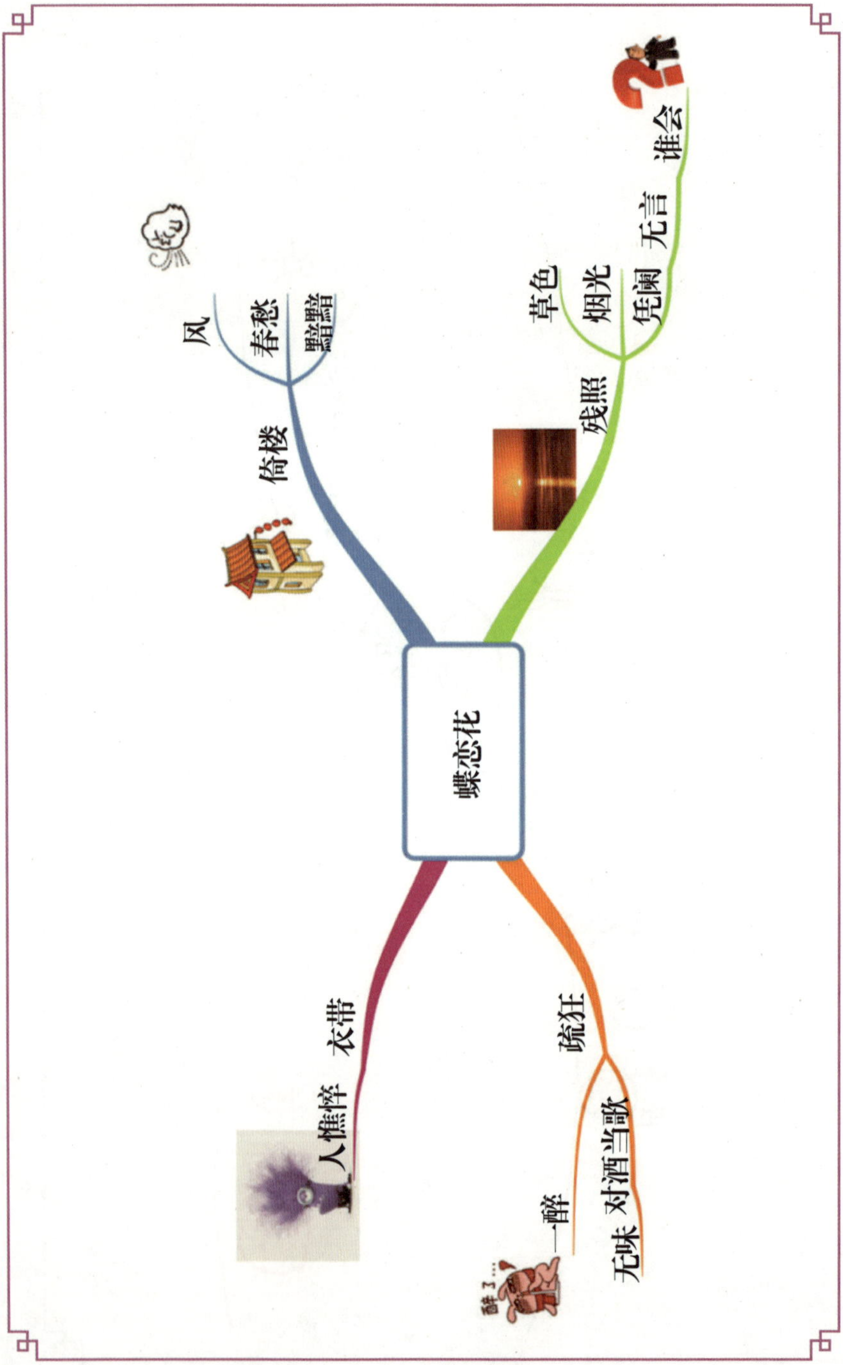

水调歌头·明月几时有

苏轼

丙辰中秋，欢饮达旦，大醉，作此篇，兼怀子由。

明月几时有？把酒问青天。不知天上宫阙，今夕是何年。我欲乘风归去，又恐琼楼玉宇，高处不胜寒。起舞弄清影，何似在人间。

转朱阁，低绮户，照无眠。不应有恨，何事长向别时圆？人有悲欢离合，月有阴晴圆缺，此事古难全。但愿人长久，千里共婵娟。

译文

丙辰年中秋节，高兴地喝酒到第二天早晨，大醉，写了这首词，同时思念弟弟苏辙。

明月从什么时候起才出现的？我端起酒杯问苍天。不知道天上的宫殿，现在是何年何月。我想要乘着清风回到天上，又恐怕在玉砌成的楼宇中受不了高处的寒冷。翩翩起舞，玩赏着月下的清影，哪像是在人间。

月亮转过朱红色的楼阁，低低地挂在雕花的窗户上，照着无睡意的自己。明月不应该对人们有什么怨恨吧，为什么偏在离别时才圆呢？人有悲欢离合的改变，月有阴晴圆缺的变换，这种事自古以来难以周全。只希望这世上所有的亲人能健康，相隔千里也能一起欣赏这美好的月光。

记忆方法

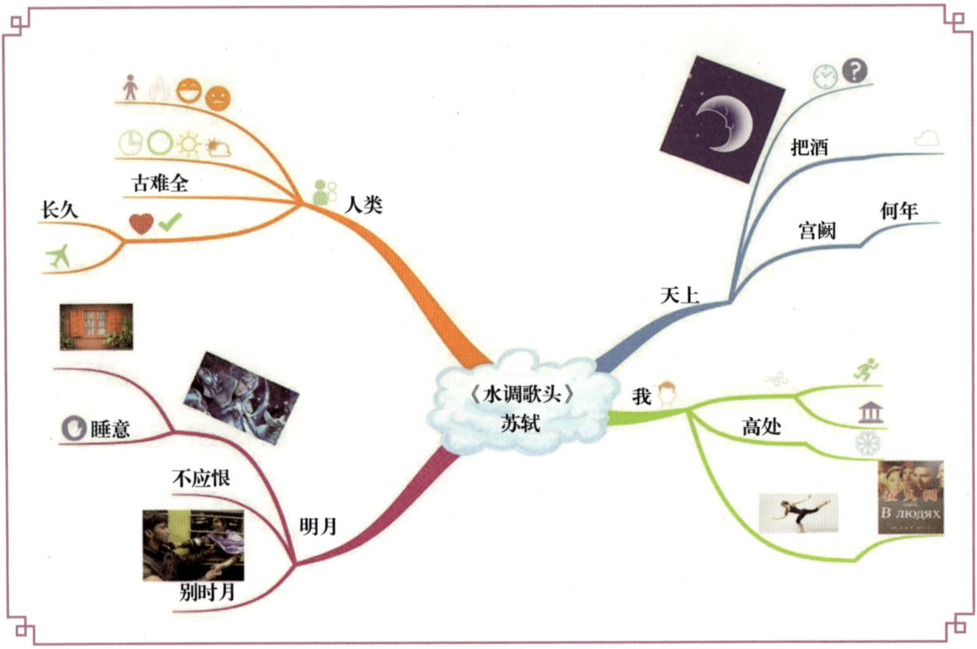

◆ 作者 郑才千

渔家傲·秋思

范仲淹

塞下秋来风景异，衡阳雁去无留意。四面边声连角起，千嶂里，长烟落日孤城闭。

浊酒一杯家万里，燕然未勒归无计。羌管悠悠霜满地，人不寐，将军白发征夫泪。

译文

边塞上秋天一来，风景全异，向衡阳飞去的雁群毫无留恋的情意。从四面八方传来的边地悲声随着号角响起。层峦叠嶂里，长烟直上，落日斜照，孤城紧闭。

喝一杯浊酒怀念远隔万里的家乡，战事未平，功名未立，是无法计划回归的。羌人的笛声悠扬，寒霜满地，征人不能入眠，将军头发花白，战士也流下眼泪。

记忆方法

见下页图。

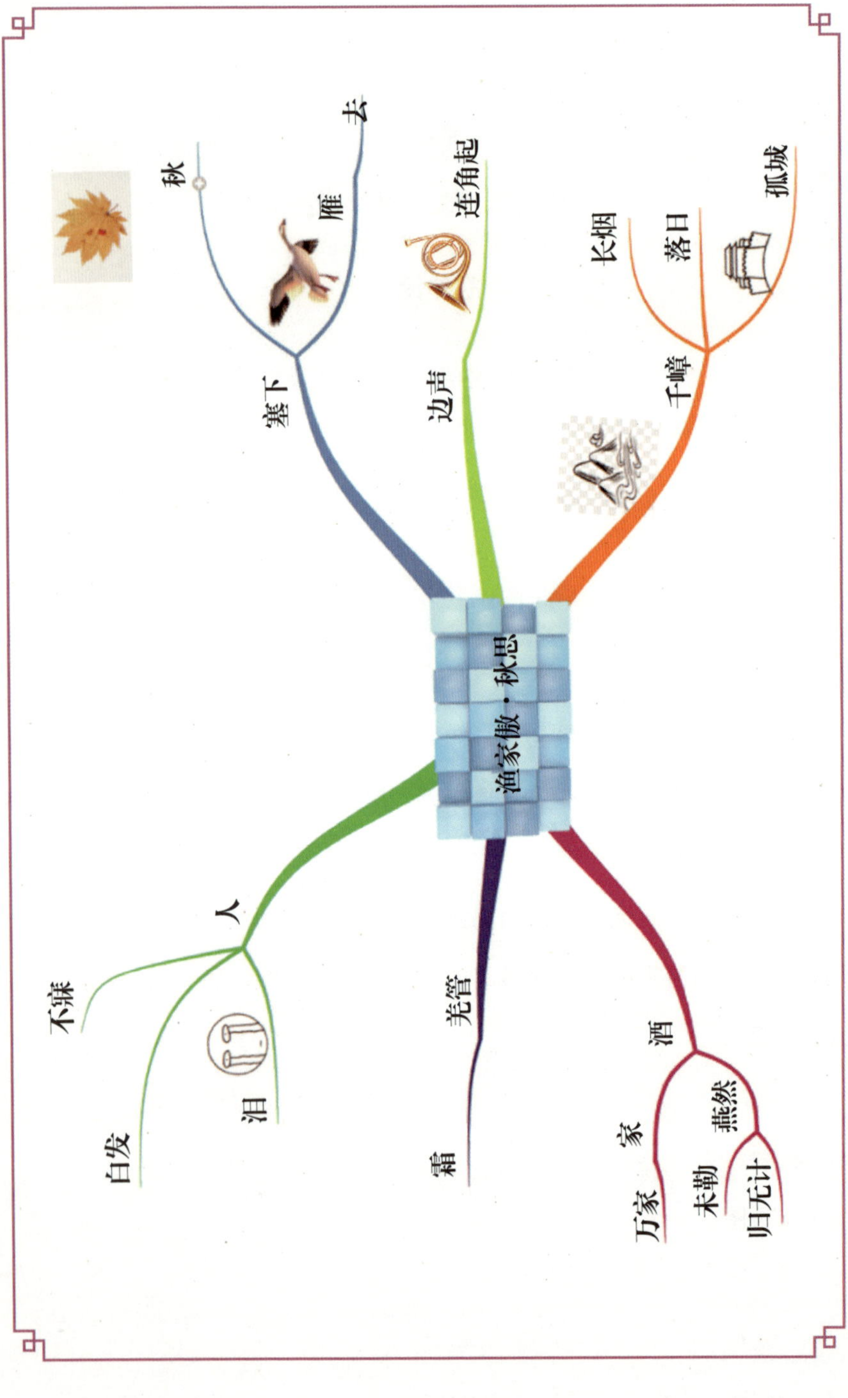

◆ 作者 王蔚云

◆ 作者 李建俊

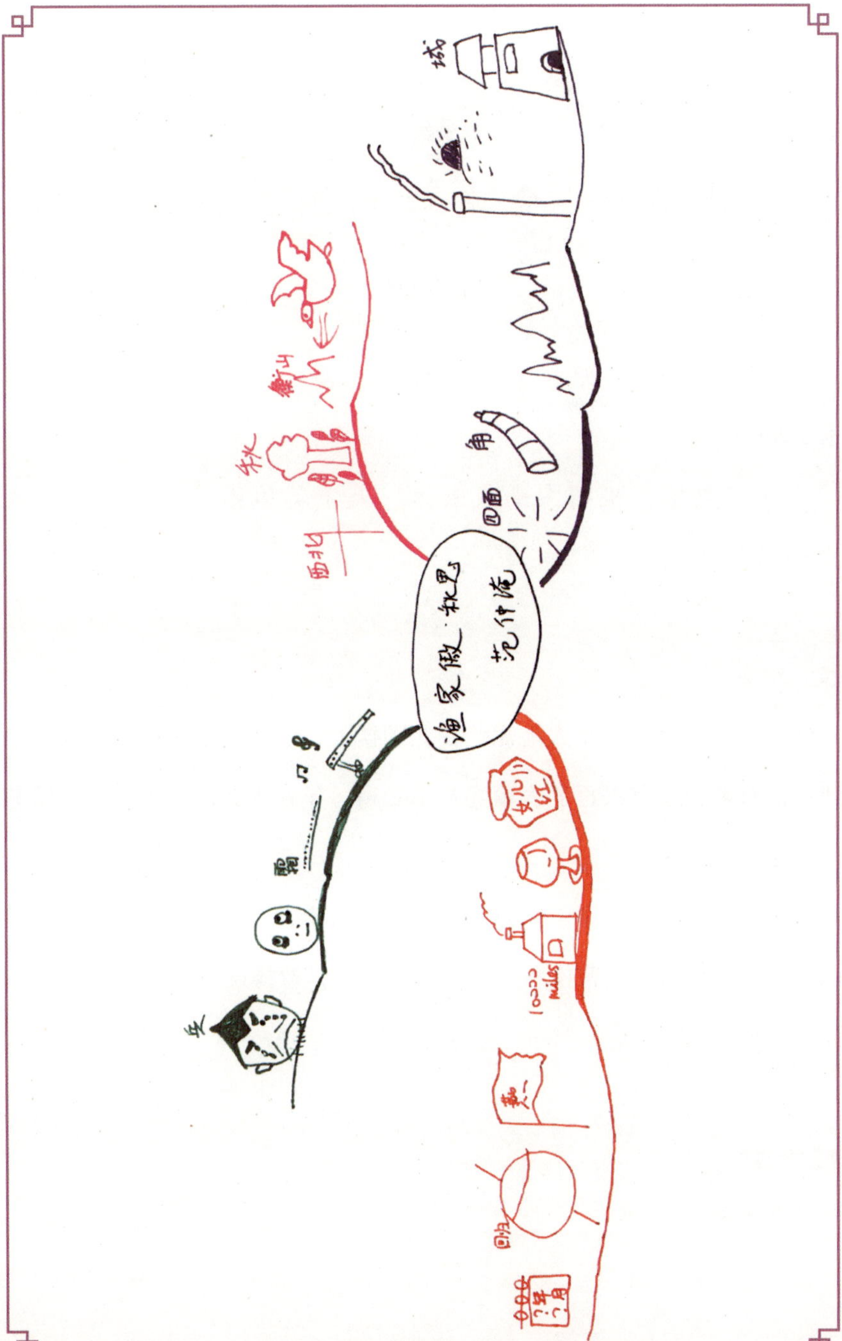

南乡子·登京口北固亭有怀

辛弃疾

何处望神州？满眼风光北固楼。千古兴亡多少事？悠悠。不尽长江滚滚流。

年少万兜鍪，坐断东南战未休。天下英雄谁敌手？曹刘。生子当如孙仲谋。

译文

什么地方看得见中原大地呢？在北固楼上，满眼都是美丽的风光。从古到今，有多少国家兴亡的大事呢？不知道，年代太久了。长江水滚滚东流，永远也流不尽。

孙权在青年时已率领千军万马，他坐镇东南，坚持战斗不止。天下英雄谁是孙权的敌手呢？曹操和刘备而已。所以，曹操说："生孩子应该生一个孙权那样的。"

记忆方法

见下页图。

◆ 作者 王蔚云

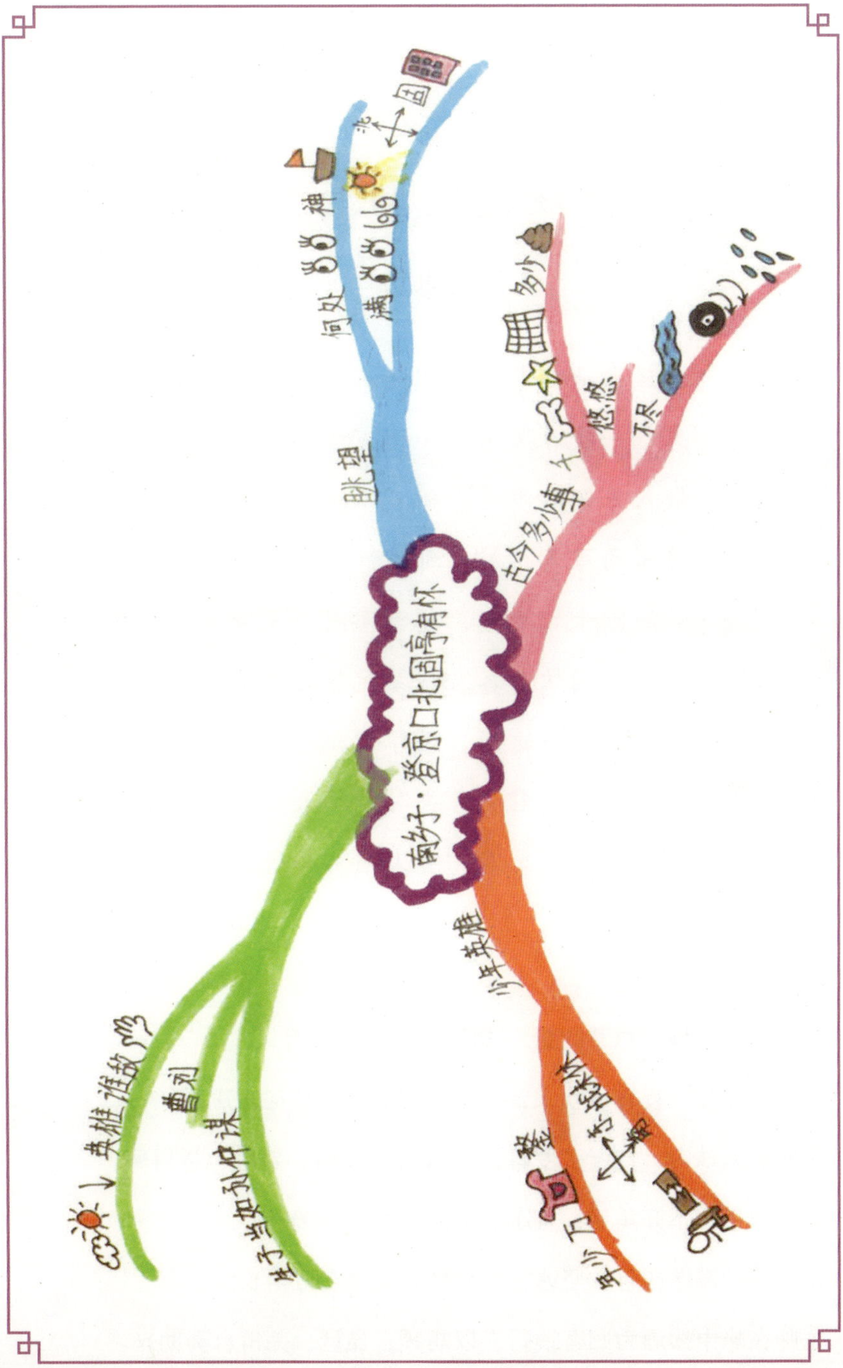

其他

白雪歌送武判官归京

岑参

北风卷地白草折，胡天八月即飞雪。
忽如一夜春风来，千树万树梨花开。
散入珠帘湿罗幕，狐裘不暖锦衾薄。
将军角弓不得控，都护铁衣冷难着。
瀚海阑干百丈冰，愁云惨淡万里凝。
中军置酒饮归客，胡琴琵琶与羌笛。
纷纷暮雪下辕门，风掣红旗冻不翻。
轮台东门送君去，去时雪满天山路。
山回路转不见君，雪上空留马行处。

译文

北风席卷大地把白草吹折，胡地在八月就下雪。

忽然间宛如一夜春风吹来，千万棵树上好像梨花盛开。

雪花散入珠帘，打湿了罗幕，狐裘穿了不暖，锦被也觉得薄。

将军双手拉不开角弓，都护的铁甲太冷难以穿上。

无边的沙漠结成百丈坚冰，惨淡愁云凝聚在万里长空。

主帅在帐中摆酒为归客饯行，以胡琴、琵琶、羌笛合奏助兴。

傍晚辕门前大雪纷飞，红旗冻硬了，连风也无法吹动。

轮台东门外送你回京去，去时大雪铺满了天山路。

山路迂回曲折，已看不见你，雪上只留下一串马蹄印迹。

记忆方法

见下页图。

◆ 作者 王翀

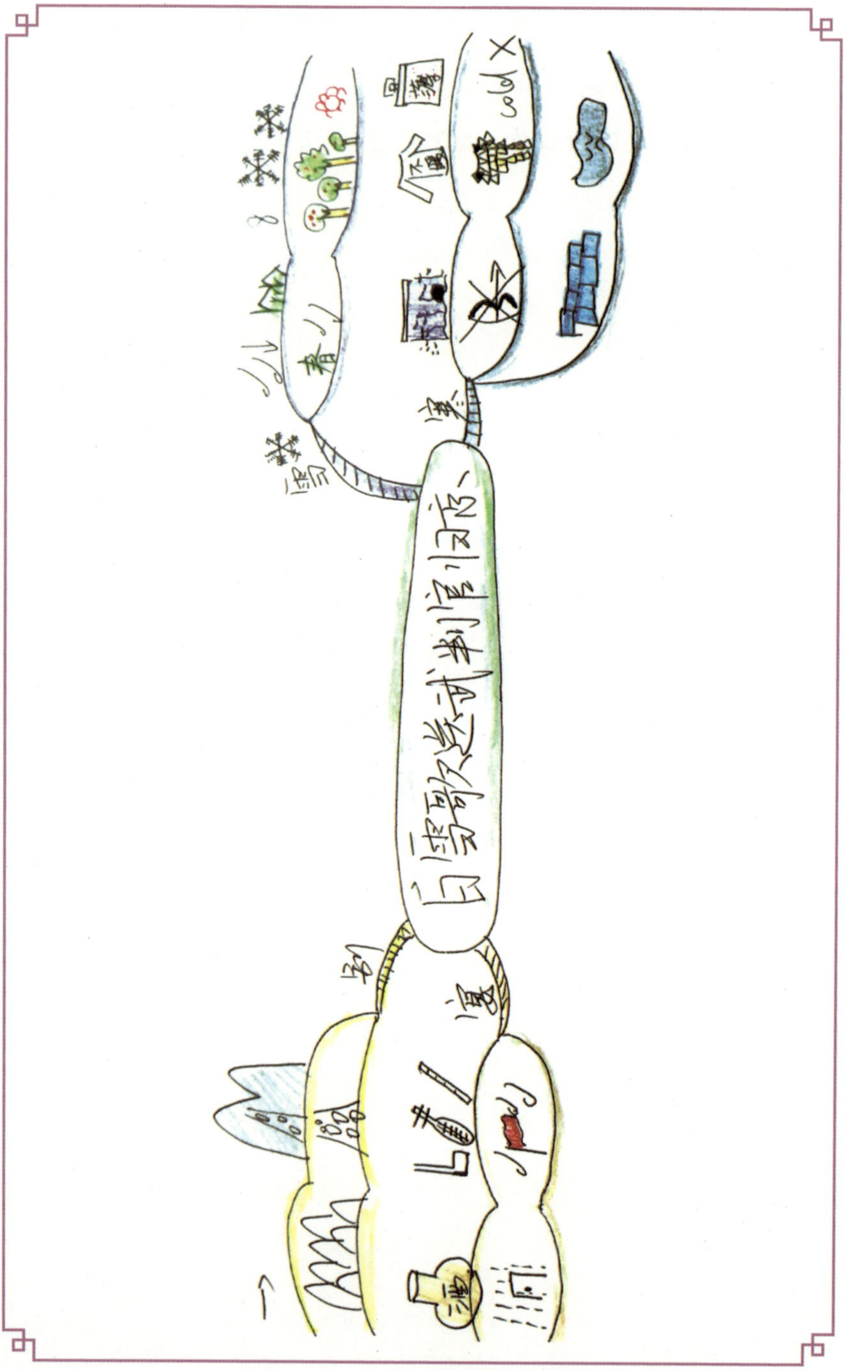

◆ 作者 刘逸清

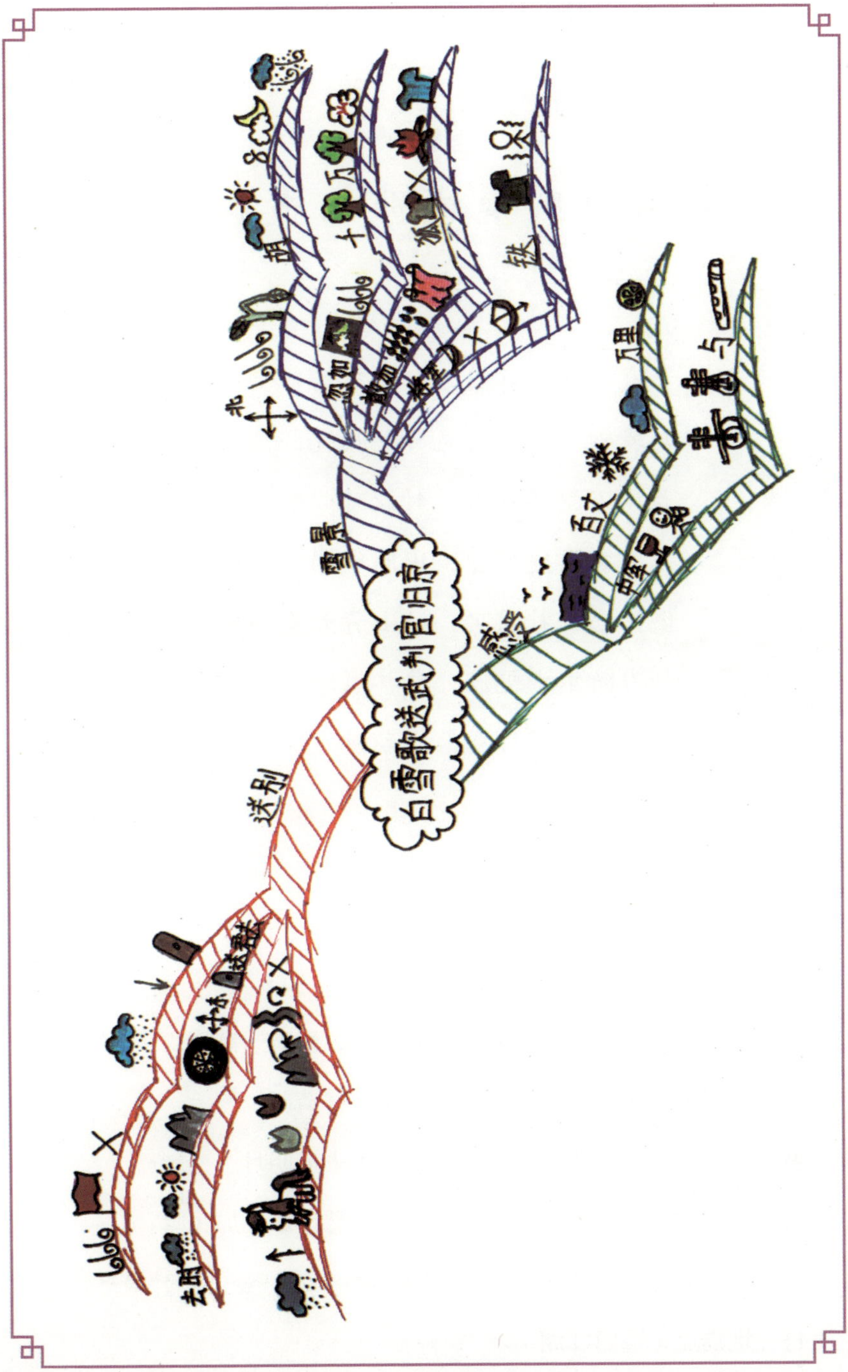

宣州谢朓楼饯别校书叔云

李白

弃我去者，昨日之日不可留；
乱我心者，今日之日多烦忧。
长风万里送秋雁，对此可以酣高楼。
蓬莱文章建安骨，中间小谢又清发。
俱怀逸兴壮思飞，欲上青天览明月。
抽刀断水水更流，举杯消愁愁更愁。
人生在世不称意，明朝散发弄扁舟。

译文

弃我而去的昨天，已经不可挽留。

乱我心思的今天，令人烦忧多多。

长风吹过万里，送走秋雁，对此可以畅饮，酣醉于高楼。

您的文章颇具建安风骨，我的诗如谢朓一样清新。

你我都心怀逸兴、壮思飞动，想登上九天去揽明月。

拔刀断水，水却更急地奔流；举杯消愁，愁情却更加深厚。

人生在世不能够称心如意，不如明天披散头发，登上一叶扁舟，在江湖之上自在地漂流（退隐江湖）。

记忆方法

见下页图。

◆作者 王熙华

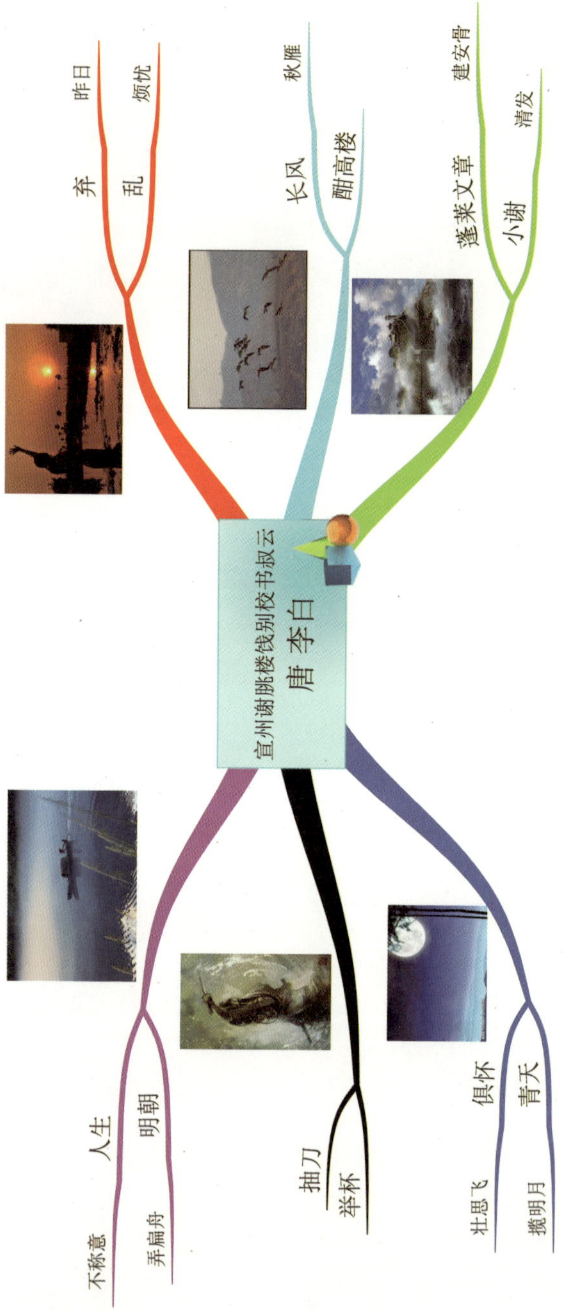
宣州谢朓楼饯别校书叔云
唐 李白
弃
昨日
乱
烦忧
长风
秋雁
酣高楼
蓬莱文章
建安骨
小谢
清发
人生
不称意
明朝
弄扁舟
抽刀
举杯
俱怀
壮思飞
青天
揽明月

◆ 作者 丛妍

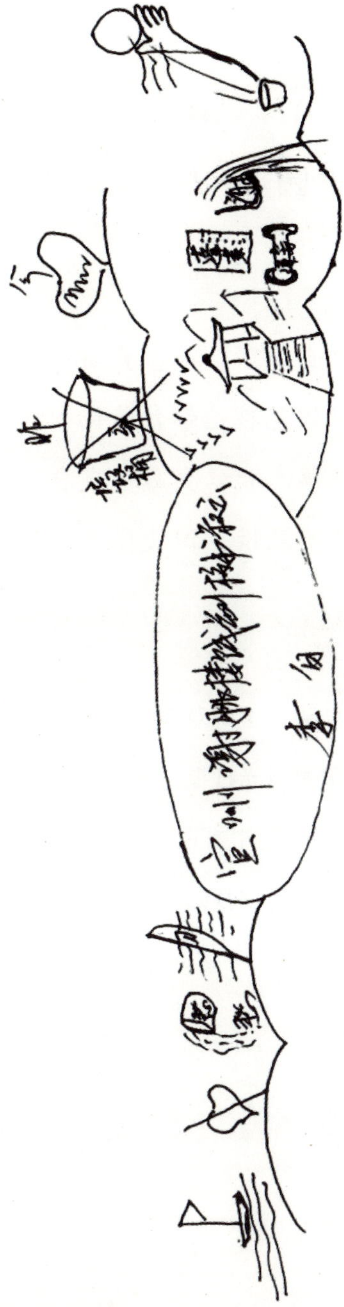

归园田居·其三

陶渊明

种豆南山下，草盛豆苗稀。
晨兴理荒秽，带月荷锄归。
道狭草木长，夕露沾我衣。
衣沾不足惜，但使愿无违。

译文

我在南山下种豆子，结果田里野草茂盛、豆苗稀疏。

清晨早起铲除杂草，披着月光扛锄归来。

狭窄的山路草木丛生，夜露沾湿了我的衣裳。

衣裳被沾湿并不可惜，只希望我归耕田园的心意不被违背。

记忆方法

见下页图。

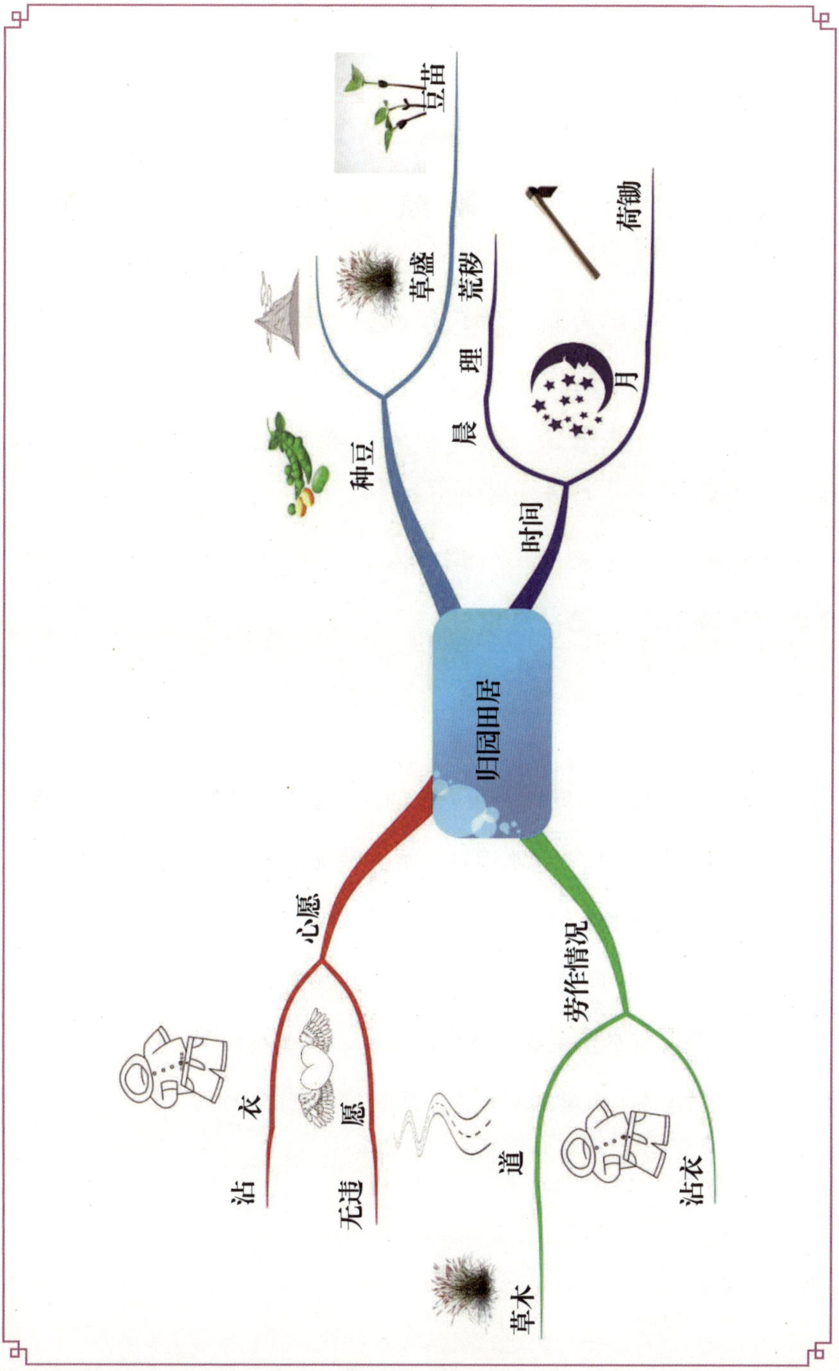

◆ 作者 于淼（初稿） 郑才千（定稿）

蒹葭

蒹葭苍苍，白露为霜。所谓伊人，在水一方。溯洄从之，道阻且长。溯游从之，宛在水中央。

蒹葭萋萋，白露未晞。所谓伊人，在水之湄。溯洄从之，道阻且跻。溯游从之，宛在水中坻。

蒹葭采采，白露未已。所谓伊人，在水之涘。溯洄从之，道阻且右。溯游从之，宛在水中沚。

译文

芦苇青苍苍，露水结成霜。我思念的人，就在河水那一方。逆着流水追寻，道路险阻漫长。顺着流水追寻，她仿佛就在水中央。

芦苇密又繁，露水未曾干。我思念的人，就在河岸那一边。逆着流水追寻，道路险阻难登。顺着流水追寻，她仿佛就在水中滩。

芦苇密稠稠，露水未全收。我思念的人，就在水边那一头。逆着流水追寻，道路险阻弯曲。顺着流水追寻，她仿佛就在水中洲。

记忆方法

见下页图。

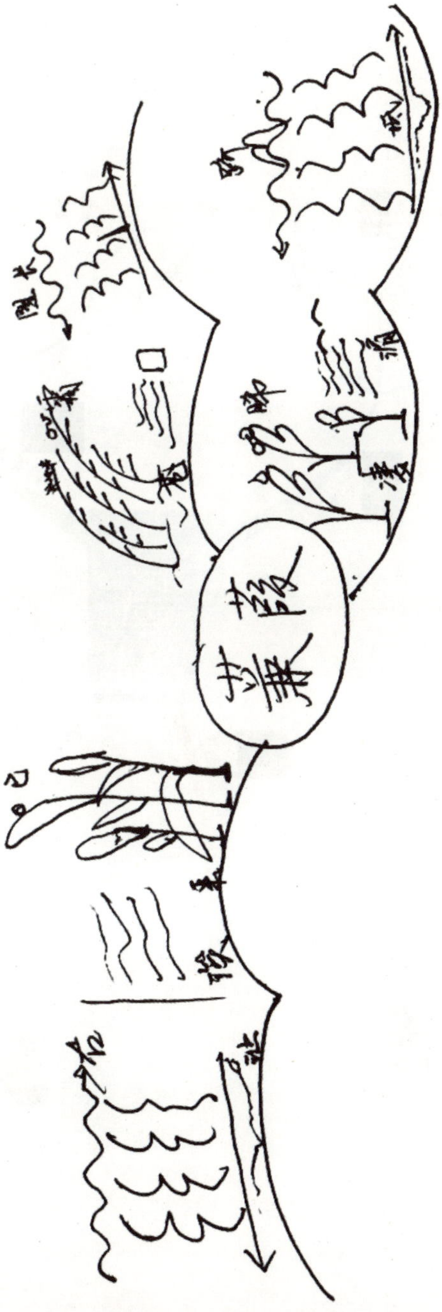

◆作者 丛妍

◆ 作者 李旭

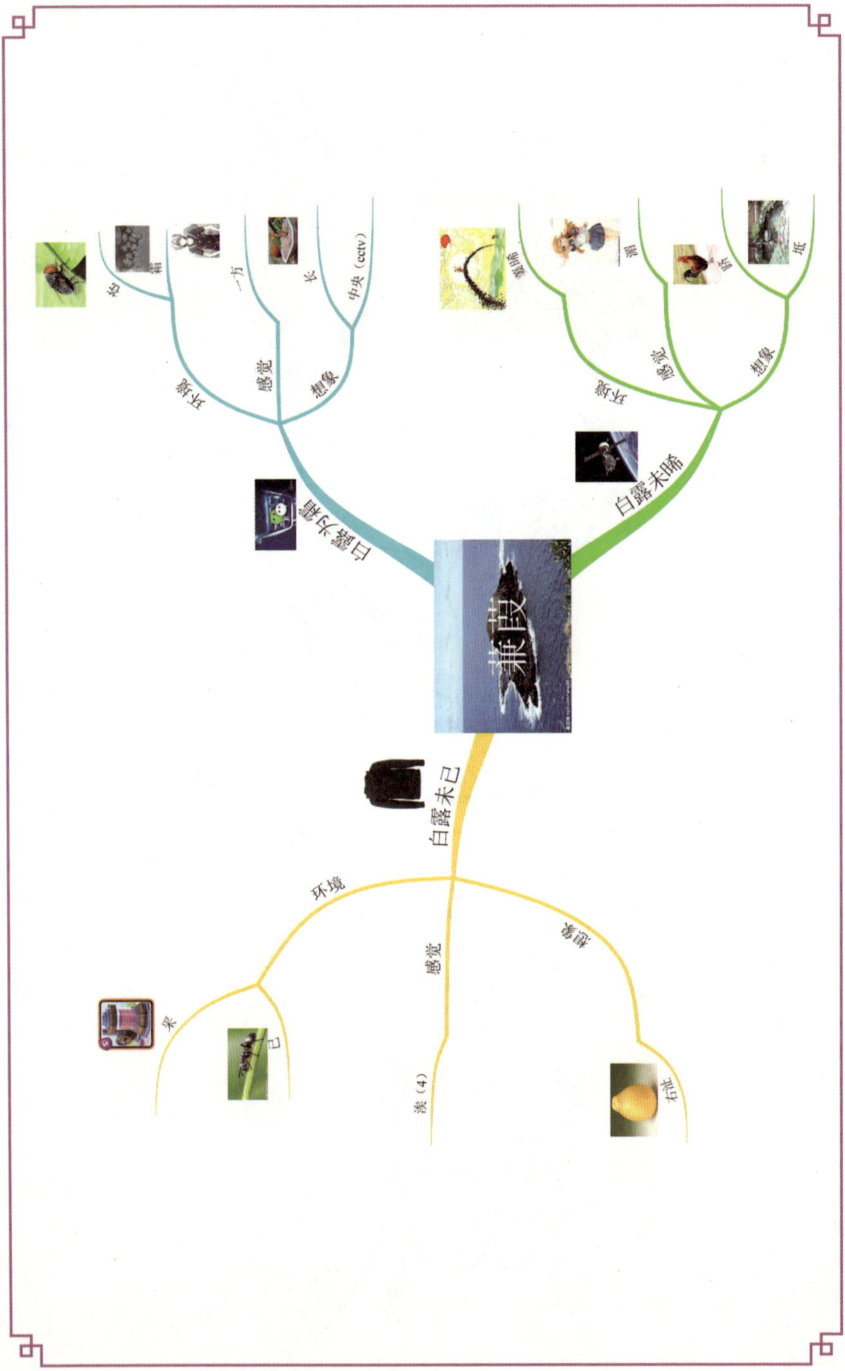

茅屋为秋风所破歌

杜甫

八月秋高风怒号，卷我屋上三重茅。茅飞渡江洒江郊，高者挂罥长林梢，下者飘转沉塘坳。

南村群童欺我老无力，忍能对面为盗贼，公然抱茅入竹去。唇焦口燥呼不得，归来倚杖自叹息。

俄顷风定云墨色，秋天漠漠向昏黑。布衾多年冷似铁，娇儿恶卧踏里裂。床头屋漏无干处，雨脚如麻未断绝。自经丧乱少睡眠，长夜沾湿何由彻！

安得广厦千万间，大庇天下寒士俱欢颜，风雨不动安如山。呜呼！何时眼前突兀见此屋，吾庐独破受冻死亦足。

译文

八月秋深时狂风怒号，卷走了我屋顶上的好几层茅草。茅草飞起来，渡过浣花溪，散落在对岸江边，飞得高的茅草挂在高高的树梢上，飞得低的茅草飘飘洒洒，沉到低洼的水塘里。

南村的一群儿童欺负我年老没力气，居然忍心在我面前做盗贼，公然抱着茅草跑进竹林。我喊得唇焦口燥也没有用，回来拄着拐杖独自叹息。

一会儿，风停了，乌云黑得像墨，秋天的天色阴沉，渐渐黑下来。布被盖了多年，像铁一样冷，孩子睡相不好，把被子蹬破了。整个屋子没有一点干燥的地方，房顶的雨水像麻线一样不停地往下漏。自从战乱以来，我睡眠时间很少，长夜漫漫，屋漏床湿，怎能挨到天亮！

怎么能得到千万间宽敞高大的房子，普遍地庇覆天下贫寒的读书人，让他们都笑逐颜开！房子不为风雨所动摇，安稳得像山一样！唉！什么时候眼前出现这样高高的房屋，即使唯独我的茅屋被吹破，我受冻而死也心满意足！

记忆方法

见下页图。

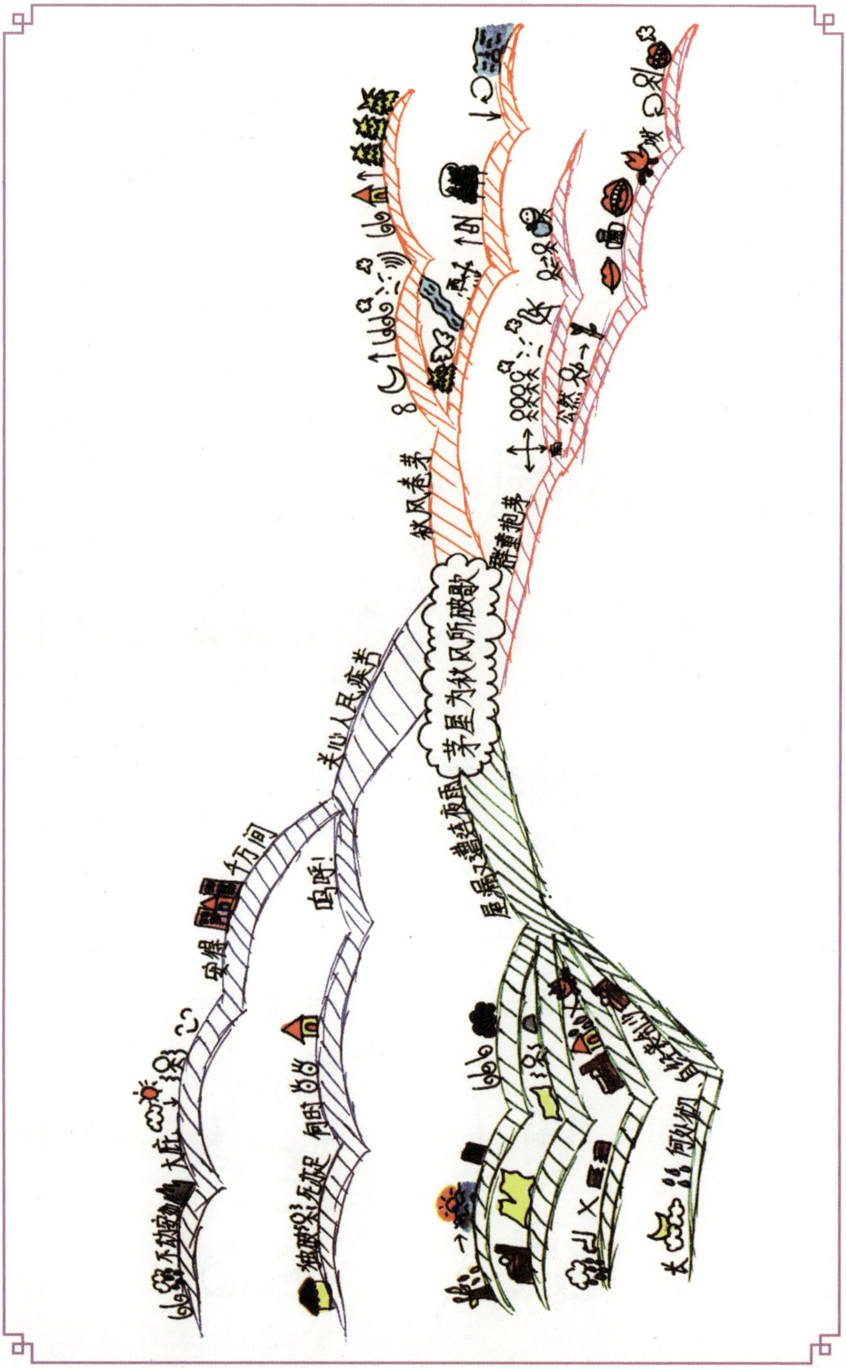

◆ 作者 刘逸清

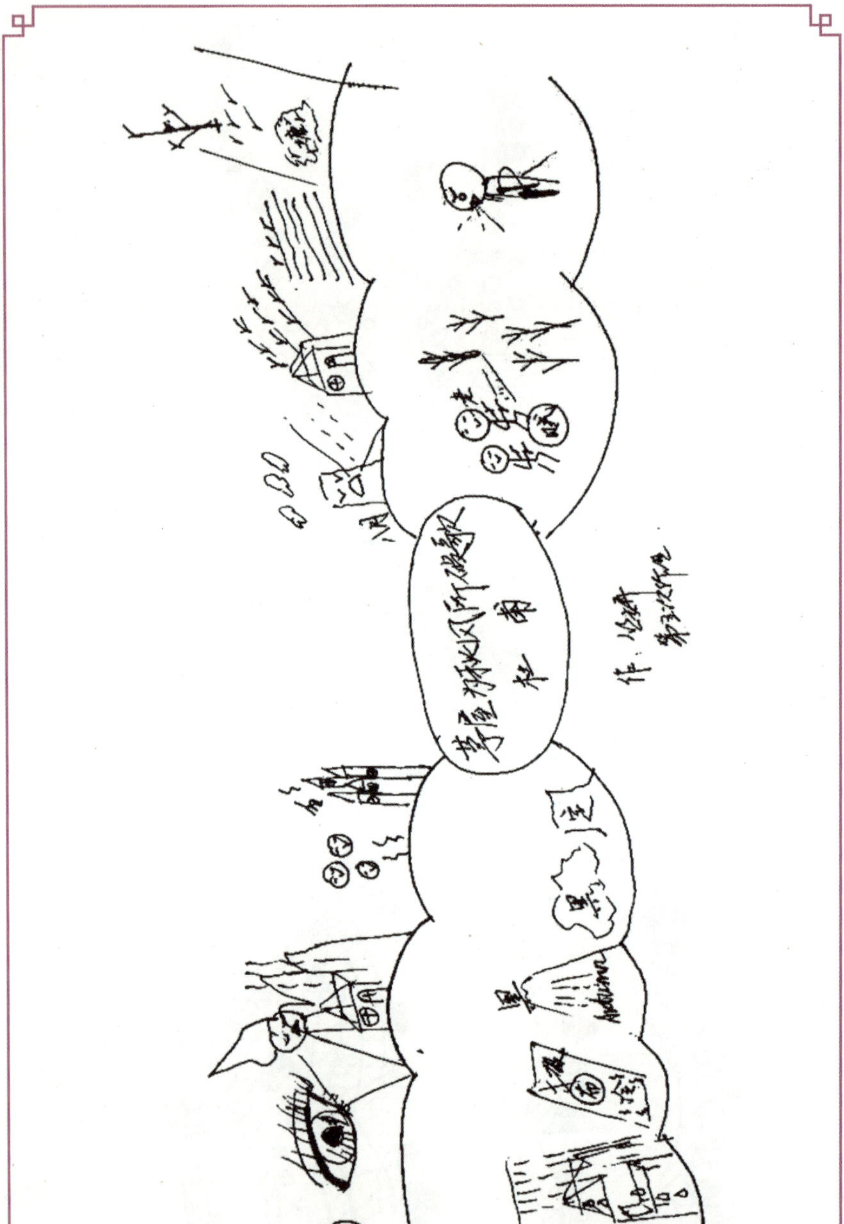

◆作者 丛妍

长恨歌

白居易

汉皇重色思倾国，御宇多年求不得。
杨家有女初长成，养在深闺人未识。
天生丽质难自弃，一朝选在君王侧。
回眸一笑百媚生，六宫粉黛无颜色。
春寒赐浴华清池，温泉水滑洗凝脂。
侍儿扶起娇无力，始是新承恩泽时。
云鬓花颜金步摇，芙蓉帐暖度春宵。
春宵苦短日高起，从此君王不早朝。
承欢侍宴无闲暇，春从春游夜专夜。
后宫佳丽三千人，三千宠爱在一身。
金屋妆成娇侍夜，玉楼宴罢醉和春。
姊妹弟兄皆列土，可怜光彩生门户。
遂令天下父母心，不重生男重生女。
骊宫高处入青云，仙乐风飘处处闻。
缓歌慢舞凝丝竹，尽日君王看不足。
渔阳鼙鼓动地来，惊破霓裳羽衣曲。
九重城阙烟尘生，千乘万骑西南行。

翠华摇摇行复止，西出都门百余里。
六军不发无奈何，宛转蛾眉马前死。
花钿委地无人收，翠翘金雀玉搔头。
君王掩面救不得，回看血泪相和流。
黄埃散漫风萧索，云栈萦纡登剑阁。
峨嵋山下少人行，旌旗无光日色薄。
蜀江水碧蜀山青，圣主朝朝暮暮情。
行宫见月伤心色，夜雨闻铃肠断声。
天旋地转回龙驭，到此踌躇不能去。
马嵬坡下泥土中，不见玉颜空死处。
君臣相顾尽沾衣，东望都门信马归。
归来池苑皆依旧，太液芙蓉未央柳。
芙蓉如面柳如眉，对此如何不泪垂。
春风桃李花开日，秋雨梧桐叶落时。
西宫南苑多秋草，落叶满阶红不扫。
梨园弟子白发新，椒房阿监青娥老。
夕殿萤飞思悄然，孤灯挑尽未成眠。
迟迟钟鼓初长夜，耿耿星河欲曙天。
鸳鸯瓦冷霜华重，翡翠衾寒谁与共。
悠悠生死别经年，魂魄不曾来入梦。
临邛道士鸿都客，能以精诚致魂魄。
为感君王辗转思，遂教方士殷勤觅。
排空驭气奔如电，升天入地求之遍。

上穷碧落下黄泉，两处茫茫皆不见。
忽闻海上有仙山，山在虚无缥渺间。
楼阁玲珑五云起，其中绰约多仙子。
中有一人字太真，雪肤花貌参差是。
金阙西厢叩玉扃，转教小玉报双成。
闻道汉家天子使，九华帐里梦魂惊。
揽衣推枕起徘徊，珠箔银屏迤逦开。
云鬓半偏新睡觉，花冠不整下堂来。
风吹仙袂飘飖举，犹似霓裳羽衣舞。
玉容寂寞泪阑干，梨花一枝春带雨。
含情凝睇谢君王，一别音容两渺茫。
昭阳殿里恩爱绝，蓬莱宫中日月长。
回头下望人寰处，不见长安见尘雾。
惟将旧物表深情，钿合金钗寄将去。
钗留一股合一扇，钗擘黄金合分钿。
但令心似金钿坚，天上人间会相见。
临别殷勤重寄词，词中有誓两心知。
七月七日长生殿，夜半无人私语时。
在天愿作比翼鸟，在地愿为连理枝。
天长地久有时尽，此恨绵绵无绝期。

译文

唐明皇好色，想找个绝世美人，但在位多年，却没找到一个如意的。

杨家有个女儿刚刚长大，养在深闺中，外人不知她美丽绝伦。

她天生丽质，很难被埋没于世间，有一天被选到皇帝身边做妃嫔。

她回眸一笑时娇媚横生，六宫妃嫔在她面前都黯然失色。

初春寒冷，皇上赐她到华清池沐浴。温泉水润，洗涤着她凝脂一般的肌肤。

宫女搀扶柔弱娉婷的她，这正是初蒙皇恩润泽之时。

她鬓发如云，容颜似花，头戴着金步摇。在温暖的芙蓉帐里，她与皇上共度春宵。

苦恨春宵太短，一觉睡到太阳高高升起。君王迷恋她，从此再也不早朝。

承受恩宠，侍奉酒宴，整日没有闲暇。春日出游每每相随皇上，夜夜侍寝独得皇上宠爱。

后宫的美女有三千人，皇上把本属于三千人的宠爱都给了她一人。

金屋中阿娇妆成，夜夜娇侍皇上。玉楼上酒宴结束，醉意伴随春心。

姊妹和兄弟都封地受奖，人们羡慕杨家门户生光彩。

这使天下的父母改变了心愿，不再重视生男孩而重视生女孩。

骊山北麓的华清宫高耸入云，仙乐随风传播，处处都听到。

轻歌曼舞配上管弦乐器舒缓的旋律，每天君王都看不够。

忽然之间，渔阳的战鼓惊天动地地传来，宫中因受惊吓而停奏《霓裳羽衣曲》。

九重城楼与宫阙也是烽火连天，烟尘四起，千军万马保护君王直向西南逃难。

翠华龙旗一路摇动，队伍走走又停停。向西出都城百余里，来到了马嵬坡。

天子的六军不走，天子也无可奈何，哀怨缠绵的美人只能在马前死去。

贵妃头上的装饰品抛撒满地，无人收起，其中包括翠翘金雀和玉搔头。

君王救不了，只会掩面哭泣，回头再看时血泪一起流下。

黄土尘埃消遁，秋风萧索。回环曲折穿过栈道，队伍登上剑门。

峨嵋山路险阻，很少有人行。旌旗无光，日色淡淡。

蜀江水色碧绿，蜀山青青。君王思念贵妃，朝朝暮暮恋旧情。

行宫之内见月色，总是伤心；夜雨中闻铃声，声声断肠。

战乱始平，君王起驾回京城。到了马嵬坡，车驾踌躇，不忍离去。

马嵬坡下，只看到荒凉的黄土坟冢，再不见美人容颜，只有她的坟。

君臣相看都泪水沾衣，向东望京都城门，任凭马儿驰归。

回到宫中，看到荷池花苑依旧。太液池上有芙蓉花，未央宫中有垂杨柳。

芙蓉恰似她的面，柳叶如同她的眉。睹物思人，对此如何能不双目垂泪。

春风和煦，桃李花开，美景依旧却无美人，让人伤悲；秋雨滴滴，落在梧桐落叶上，凄清的场景更是让人难过。

兴庆宫和甘露殿长了很多秋草，落叶堆满台阶也不见有人扫。

当年梨园的弟子都新添了白发，后宫中的女官们也开始衰老。

夜里殿堂流萤飞起，心中思虑茫然；孤灯油尽，终夜思念，不能成眠。

迟缓的钟鼓声，越数越发觉得黑夜漫长，遥看微明的星河，直到长夜将破晓。

鸳鸯瓦冷冰冰的霜花覆盖了几重，翡翠被十分寒冷，谁与君王共眠？

悠悠的生死离别至今已经过去一年，美人魂魄不曾入梦。

四川有名的道士到长安来做客，因为被君王的辗转相思感动，称能用虔诚的道术来招引贵妃的魂魄。

君王就叫道士去专意殷勤找寻。

道士驾驭云气进入空中，疾奔如闪电。上天入地去寻找个遍。

找遍了整个碧空和整个黄泉，两地茫茫都看不见。

忽然听说东海上有座仙山，仙山在虚无缥缈的云雾间。

楼台华美精巧并且五彩云霞升起，那里面有很多绰约多姿的天仙神女。

其中有个人，名叫太真，肌肤如雪，貌美如花，差不多是要找的人。

方士在金阙西厢叩开白玉大门，托付侍女小玉和双成通报一声。

听到通报说唐朝天子派来使者，九华帐里太真仙子从酣梦之中惊醒。

穿上外衣推开睡枕，匆忙起床。珍珠帘子和银屏接连不断地敞开。

发髻半偏着，因为才刚刚睡醒；花冠不整，匆匆跑到堂下来。

轻风吹拂衣袖，步履飘飘，好似在宫中，跳起霓裳羽衣舞。

面露寂寞忧愁，泪水纵横，就像春天雨后一枝带雨梨花。

含情凝视，深深谢君王。长别后，音讯颜容两渺茫。

昭阳殿里的恩爱感情已经断绝，蓬莱宫中时日久长。

回头俯身，向下看人间，看不见长安，只见尘雾。

只有通过旧时定情物表我深情，钿盒金钗托道士带回。

金钗我留一半，钿盒我留一扇。擘金钗来分钿盒，一人一半各自收藏。

但愿我们两颗心如钗钿一样坚定，不管天上或人间，终有一日会相见。

临别殷勤拜托道士，寄语君王表达情思。寄语之中有誓词，只有他俩心里知。

当年七月七日夜，我俩相会于长生殿。夜半无人，两人发誓：

在天上，我们愿作比翼齐飞的鸟儿；在地上，我们愿为永不分离的连理枝。

天长地久，总会有终了之时；这生死遗恨，却永远没有尽期。

记忆方法

见插页1。

琵琶行（并序）

白居易

诗及译文略，见本书第二部分“实例”中所举“琵琶行（并序）”例子。

记忆方法

见插页2。

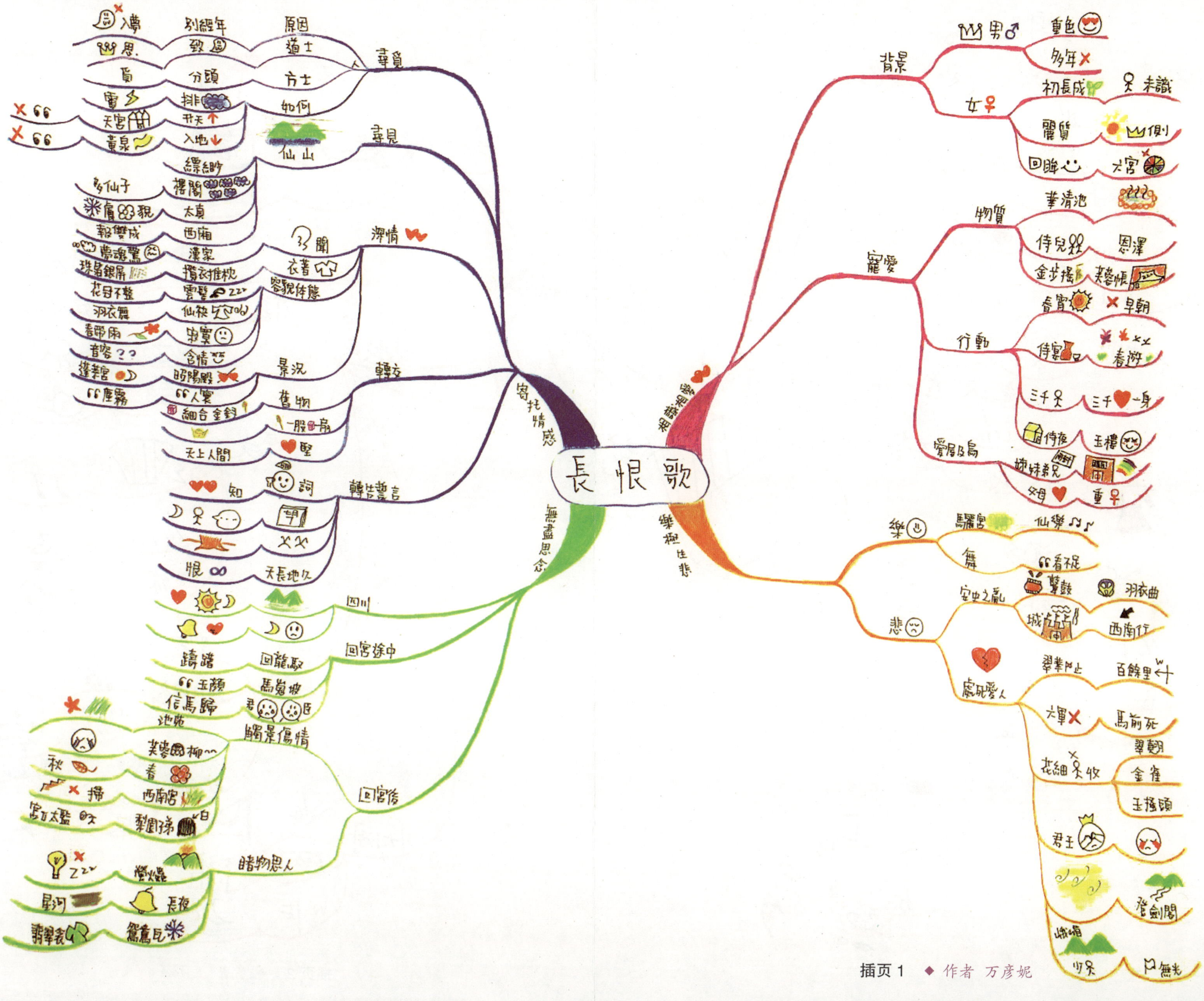

長恨歌
寄托情感
尋覓
尋見
深情
轉交
轉告誓言
無盡思念
四川
回宮途中
回宮後
觸景傷情
睹物思人
相識相愛
背景
寵愛
物質
行動
愛屋及烏
樂極生悲
樂
悲
安史之亂
處死愛人
華清池
霓裳羽衣曲
西南行
仙山
天長地久
回龍馭
馬嵬坡
信馬歸
太真
金步搖
三千
一身
翠翹
金雀
玉搔頭
君王
劍閣
峨嵋
無光

插页 1 ◆ 作者 万彦妮

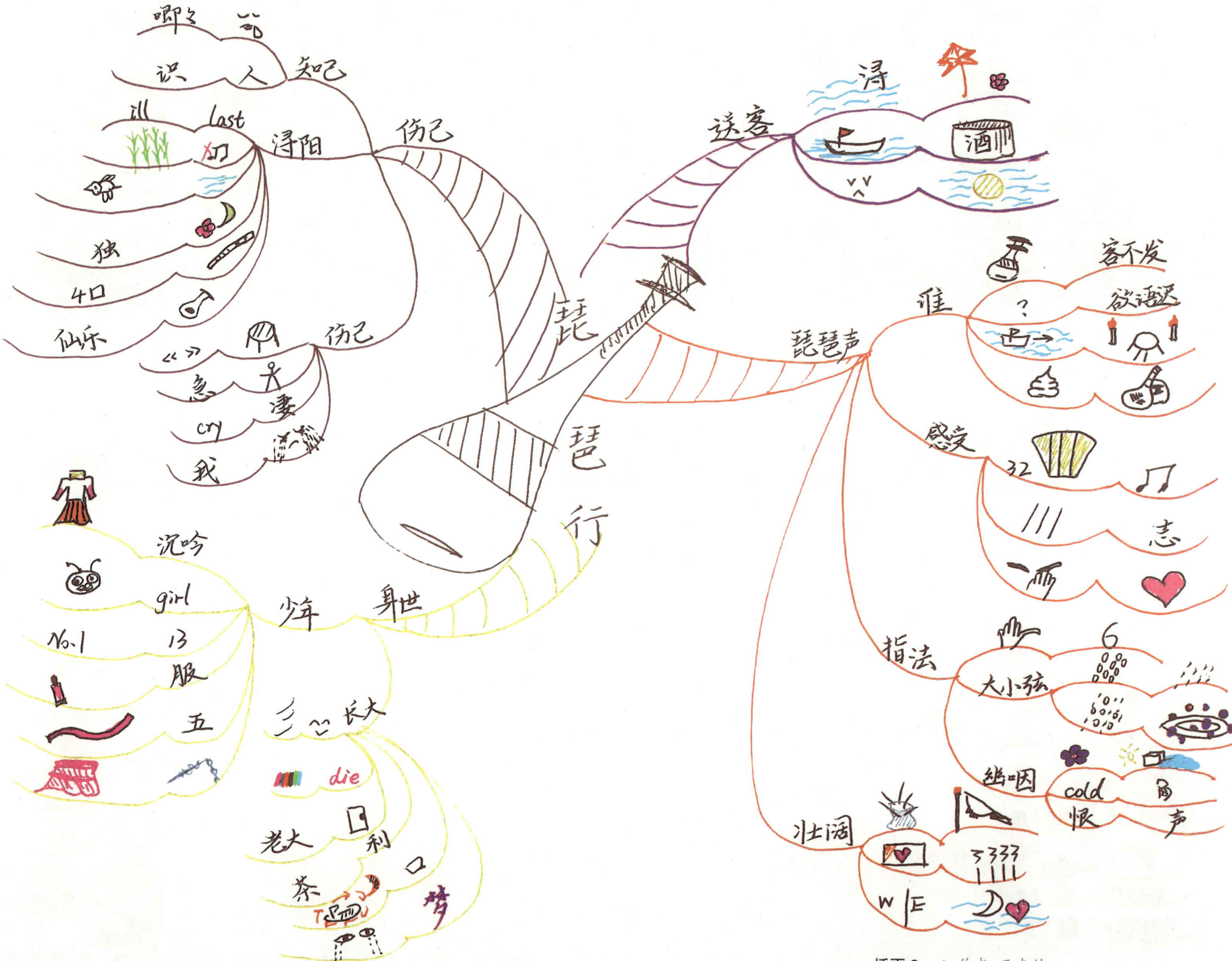
琵
琶
行
伤己
浔阳
知己
识
人
ill
last
独
4口
仙乐
伤己
《》
急
凄
cry
我
送客
酒
琵琶声
谁
客不发
欲语迟
?
感受
32
志
指法
6
大小弦
cold
恨
声
壮阔
W E
身世
少年
沉吟
girl
No.1
13
服
五
长大
die
老大
利
口
茶
梦

归去来兮辞（并序）

陶渊明

余家贫，耕植不足以自给。幼稚盈室，缾（píng）无储粟，生生所资，未见其术。亲故多劝余为长吏，脱然有怀，求之靡途。会有四方之事，诸侯以惠爱为德，家叔以余贫苦，遂见用于小邑。于时风波未静，心惮远役，彭泽去家百里，公田之利，足以为酒，故便求之。及少日，眷然有归欤之情。何则？质性自然，非矫厉所得。饥冻虽切，违己交病。尝从人事，皆口腹自役。于是怅然慷慨，深愧平生之志。犹望一稔，当敛裳宵逝。寻程氏妹丧于武昌，情在骏奔，自免去职。仲秋至冬，在官八十余日。因事顺心，命篇曰《归去来兮》。乙巳岁十一月也。

归去来兮，田园将芜胡不归？既自以心为形役，奚惆怅而独悲？悟已往之不谏，知来者之可追。实迷途其未远，觉今是而昨非。舟遥遥以轻飏，风飘飘而吹衣。问征夫以前路，恨晨光之熹微。

乃瞻衡宇，载欣载奔。僮仆欢迎，稚子候门。三径就荒，松菊犹存。携幼入室，有酒盈樽。引壶觞以自酌，眄庭柯以怡颜。倚南窗以寄傲，审容膝之易安。园日涉以成趣，门虽设而常关。

策扶老以流憩，时矫首而遐观。云无心以出岫，鸟倦飞而知还。景翳翳以将入，抚孤松而盘桓。

归去来兮，请息交以绝游。世与我而相违，复驾言兮焉求？悦亲戚之情话，乐琴书以消忧。农人告余以春及，将有事于西畴。或命巾车，或棹孤舟。既窈窕以寻壑，亦崎岖而经丘。木欣欣以向荣，泉涓涓而始流。善万物之得时，感吾生之行休。

已矣乎！寓形宇内复几时。曷不委心任去留？胡为乎遑遑欲何之？富贵非吾愿，帝乡不可期。怀良辰以孤往，或植杖而耘耔。登东皋以舒啸，临清流而赋诗。聊乘化以归尽，乐夫天命复奚疑！

译文

我家贫穷，种田不能够自给。孩子很多，米缸没有存粮，没有办法解决生计问题。亲友大都劝我做官，我心里也有这个想法，但是求官缺少门路。刚巧碰上有出使到外地去的差事，州郡长官以爱惜人才为美德，叔父也因为我家境贫苦（替我想方设法），我就被委任到小县做官。那时候社会上动荡不安，我心里惧怕到远地当官。彭泽县离家一百里，公田收获的粮食足够用来造酒，所以就请求去那里。等到过了一些日子，便产生了留恋故园的怀乡感情。那是为什么？本性自然率真，这是勉强不得的。饥寒虽然来得急迫，但是违背本意去做官会让身心痛苦。过去为官做事，都是为了吃饭而役使自己。于是惆怅感慨，深深有愧于平生的心志。本希望再任职一年，便收拾行装星夜离开。不久，嫁到程家的妹妹在武昌去世，去吊丧的心情像骏马奔驰一样急迫，自己辞去官职。自仲秋到冬天，在职共八十多天。因辞官而顺遂了心愿，写了一篇文章，题目叫《归去来兮》。这时候正是乙巳年（晋安帝义熙元年）十一月。

回家去吧！田园快要荒芜了，为什么不回去？既然自己的心灵为形体所役使，又为什么惆怅而独自伤悲？我觉悟到过去做错了的事（指出仕）已经不能改正，知道未来的事（指归隐）还可以挽救。实际上，我入迷途还不算远，已觉悟到现在回家是对的，而之前做官是不对的。船在水上轻轻漂荡，微风吹拂着衣裳。向行人打听前面的路，只是晨光还不太亮。

终于看到自己简陋的家门，我高兴地飞奔。家僮欢快地迎接，年幼的孩子们守候在门庭。院子里的小路快要荒芜了，松菊还长在那里。我带着幼儿进了屋，美酒已经满杯。我拿来酒壶、酒杯自斟自饮，看看院子里的树木让我觉得很愉快。倚着南窗寄托我的傲世之情，觉得住在简陋的小屋里也非常舒服。每天在园子中散步，兴味无穷，小园的门经常关着。拄着拐杖出去，走走歇歇，时时抬起头向远处望望。白云自然而然地从山里飘浮而出，倦飞的小鸟也知道飞回巢中。日光暗淡时，太阳即将落山，我手抚孤松徘徊。

回来呀！我要跟世俗之人断绝交游。世人跟我的志趣不合，再驾车出去又有何求？跟乡里故人谈知心话何等快乐，通过弹琴读书可一扫烦恼忧愁。农夫告诉我，春天到了，将要去西边的田地耕作。有时驾着一辆有布篷的小车，有时划着孤舟。既要经过幽深曲折的山谷，又要走过那高低不平的山丘。树木欣欣向荣，泉水缓缓流动。我羡慕自然界的万物，它们一到春天便及时生长，感叹自己的一生行将结束。

算了吧！形体寄居在世上还有多少时光。为什么不按照自己的心意任意去留？为什么心神不定，还想去什么地方？富贵不是我所求的，升入仙界也没有希望。我爱惜那良辰美景，独自去欣赏，有时扶着拐杖除草培苗。我登上东边的山坡放声长啸，傍着清清的溪流把诗歌吟唱。姑且顺其自然走完生命的路程，乐安天命，还有什么可疑虑的呢？

记忆方法

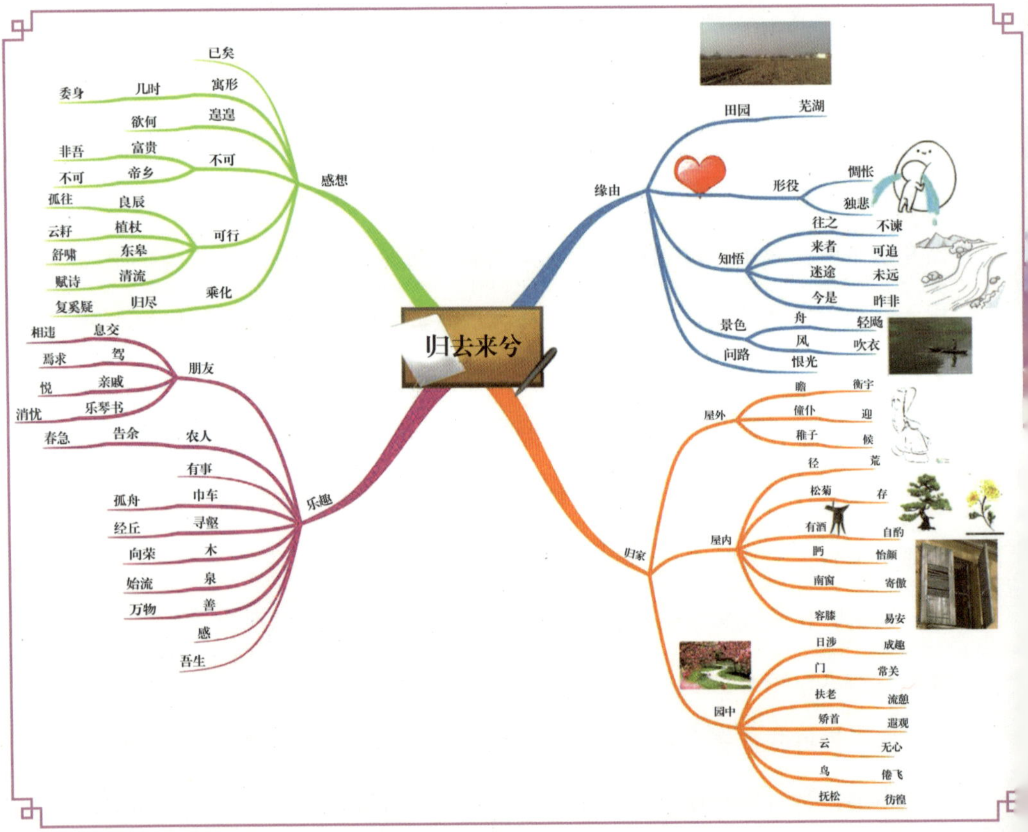

◆ 作者 熊震

PART FOUR

第四部分

特别训练——《离骚》

前面学习了各种方法，最后我们来应对一个高难度挑战——《离骚》。《离骚》的难度不在于长，而在于对于一般人来说非常拗口。

不过，现在不一样了，我们可以用各种不一样的方法来搞定它！下面，我们就以《离骚》的部分文字为例，用几种方法来记忆它。

（一）编码

帝高阳（羔羊）之苗裔（庙医）兮，朕皇（甄嬛）考曰伯庸（不用）。

译：我是古帝高阳氏的后代，我已经去世的父亲字伯庸。

摄（蛇）提贞（针）于（鱼）孟陬（粥）兮，惟（喂）庚寅吾（鹦鹉）以降。

译：岁星在寅年的孟春月，正当庚寅日那天我降生。

皇览（慌乱）揆余（鱼）初度（肚）兮，肇锡（朝夕）余以嘉名（假名）：

译：父亲仔细揣测我的生辰，于是赐给我相应的美名：

名余（明玉）曰正（真）则兮，字余（紫玉）曰灵均（林允）。

译：把我的名取为正则，把我的字叫作灵均。

纷吾（凤舞）既有（机油）此内美兮，又重（由衷）之以（质疑）修能（能修）。

译：上天给我很多内在的素质，我还不断加强自己的修养。

扈江（虎将）离与（鲤鱼）辟芷（皮脂）兮，纫秋兰（球篮）以为（胃）佩。

译：我把江离、芷草披在肩上，把秋兰结成索佩挂在身上。

汩余（谜语）若将不（酱铺）及兮，恐年岁（碾碎）之不吾与（乌鱼）。

译：时光飞逝，我好像跟不上，岁月不等人令我心慌。

朝搴阰（铅皮）之木兰（花木兰）兮，夕揽洲（兰州）之宿莽（蟒）。

译：早晨我在大坡采集木兰，傍晚我在小洲中摘取宿莽。

（二）想象

长太息以掩涕兮，哀民生之多艰。

译：我揩着眼泪啊，声声长叹，可怜万民生存多么艰难。

记忆方法：叹了一口气来掩饰哭出的泪花，你们这些人民过得真惨啊。

余虽好修姱以鞿羁兮，謇朝谇而夕替。

译：我虽品行高洁，严于责己，但早晨被辱骂，晚上又被免掉官职。

记忆方法：我擅长修机器，从早修到晚上，日复一日。

既替余以蕙纕兮，又申之以揽茝。

译：他们攻击我佩带蕙草啊，又指责我爱好采集茝兰。

记忆方法：虽然有个叫惠香的女子有时候替我修，但我还会揽其他的活来做。

亦余心之所善兮，虽九死其犹未悔。

译：这是我心中追求的东西，即使多次死亡也不后悔。

记忆方法：这就是我的善心啊，累死我九次我也不后悔。

怨灵修之浩荡兮，终不察夫民心。

译：怨就怨楚王这样糊涂啊，他始终不体察民众的心情。

记忆方法：埋怨有钱闲着去搞灵修的人浩浩荡荡，没有人体察农民的心。

众女嫉余之蛾眉兮，谣诼谓余以善淫。

译：那些女人妒忌我的美丽，造谣诽谤说我妖艳好淫。

记忆方法：那些女的都嫉妒我的眉毛帅，说这样的眉毛显得善解人意。

固时俗之工巧兮，偭规矩而改错。

译：庸人本来善于投机取巧，背弃规矩而又改变先圣之法。

记忆方法：于是都找了巧妙的工匠去修她们自己的，看看正规的眉毛什么样，改改错的地方。

背绳墨以追曲兮，竞周容以为度。

译：违背是非标准，追求邪曲，争着苟合取悦，将其作为法则。

记忆方法：然后她们就背着被墨水染黑的绳子追我，我告诉她们装饰自己的容貌要有个度。

忳郁邑余侘傺兮，吾独穷困乎此时也。

译：我忧愁烦闷啊失意不安，我现在孤独穷困多么艰难。

记忆方法：我现在的欲望是插翅飞走，因为我现在已经穷得连饭都吃不起了。

宁溘死以流亡兮，余不忍为此态也。

译：宁可马上死去，随水漂流而去，我坚决不做出苟合取悦之态。

记忆方法：宁愿飞到外面流亡，也不想被她们看到我现在的样子。

鸷鸟之不群兮，自前世而固然。

译：雄鹰不与那些燕雀同群，自古以来本来就是这般。

记忆方法：我飞的时候发现鸷鸟都不喜欢成群飞，它们说上一世就是这样子的。

何方圜之能周兮，夫孰异道而相安？

译：方和圆怎能够互相配和，志向不同如何能彼此相安？

记忆方法：什么时候有一块方圆能让我周转啊，是不是我换一条道飞就能相对安全一点？

屈心而抑志兮，忍尤而攘诟。

译：委屈心志，压抑情感，把过错咒骂统统承担。

记忆方法：委屈自己的心，压抑自己的志向，能忍住饭菜里没有油，却不能接受菜里有污垢。

伏清白以死直兮，固前圣之所厚。

译：保持清白节操，死于直道，这本为古代圣贤所称赞。

记忆方法：因为这样我才能清白死去，这样我的人生价值也更加厚重。

悔相道之不察兮，延伫乎吾将反。

译：后悔当初不看清前途，迟疑了一阵我又将回头。

记忆方法：突然后悔我以前走路没仔细看，如果有好地方我将要返回去找找。

回朕车以复路兮，及行迷之未远。

译：调转我的车来走回原路啊，趁迷途还未走远。

记忆方法：朕决定要找辆车回去，趁着我还没有飞出太远。

步余马于兰皋兮，驰椒丘且焉止息。

译：我打马在兰草水边徐行，跑上椒木小山，暂且停留休息。

记忆方法：这辆马车飞驰在兰花的海洋中，突然撞到沙丘停了下来。

进不入以离尤兮，退将复修吾初服。

译：进取不成反而获罪，就回来重修我的旧服。

记忆方法：车陷进去出不来了，我需要离开；如果退回去，我还将要再次来一遍。

制芰荷以为衣兮，集芙蓉以为裳。

译：裁制菱叶做成上衣，用荷花做成下裳。

记忆方法：我先找了荷花和芙蓉来给自己做衣服。

不吾知其亦已兮，苟余情其信芳。

译：没有人了解我也就罢了，只要内心真正馥郁芬芳。

记忆方法：我知道事情已经这样了，但还有余下的热情去坚持自己的信念。

高余冠之岌岌兮，长余佩之陆离。

译：把我的帽子加得高高的，把我的佩带增得修长。

记忆方法：于是，我戴高了帽子，掏出玉佩挂在腰间。

芳与泽其杂糅兮，唯昭质其犹未亏。

译：芳洁和污垢混杂在一起，只有纯洁的品质不会腐朽。

记忆方法：香味与光泽在我身上杂糅，我的气质还是丝毫未减。

忽反顾以游目兮，将往观乎四荒。

译：我忽然回头纵目远望，我将观赏四面的遥远地方。

记忆方法：忽然回头一望，四周这么荒凉。

佩缤纷其繁饰兮，芳菲菲其弥章。

译：佩戴着五彩缤纷的华丽装饰，散发出一阵阵浓郁的清香。

记忆方法：佩戴这么缤纷的衣饰有什么用，只是芳香散漏在表面而已。

民生各有所乐兮，余独好修以为常。

译：人生各有自己的爱好啊，我独爱好修饰，习以为常。

记忆方法：每个人都应该有自己的乐趣，我还是应该坚持我的独立特行。

虽体解吾犹未变兮，岂余心之可惩。

译：即使粉身碎骨我也不改变，难道我会因受警戒而彷徨！

记忆方法：即使肢解了我，还是不会改变，我的心岂是不能接受考验的！

（三）数字路线法

长太息以掩涕兮，哀民生之多艰。

1. 屈原在蜡烛下声泪俱下，一直喊百姓苦。

余虽好修姱以鞿羁兮，謇朝谇而夕替。

2. 坐在鹅上和孔子聊天，然后找皇上，结果他大发雷霆。

既替余以蕙纕兮，又申之以揽茝。

3. 耳朵挂着香囊。

亦余心之所善兮，虽九死其犹未悔。

4. 帆船在惊涛骇浪下快支持不住了。

怨灵修之浩荡兮，终不察夫民心。

5. 称钩勾住了心，这做法很荒唐。

众女嫉余之蛾眉兮，谣诼谓余以善淫。

6. 一群女子拿着汤勺，想刮花白面书生的脸。

固时俗之工巧兮，偭规矩而改错。

7. 用镰刀砍圆规和矩尺。

背绳墨以追曲兮，竞周容以为度。

8. 戴着眼镜的老师用绳子点墨写书法。

忳郁邑余侘傺兮，吾独穷困乎此时也。

9. 流着泪的乞丐吹着口哨，在乞讨。

宁溘死以流亡兮，余不忍为此态也。

10. 一位棒球手输了比赛，欲跳楼轻生。

鸷鸟之不群兮，自前世而固然。

11. 猎人拿筷子戳雄鹰，一群麻雀愤怒得啄猎人。

何方圜之能周兮，夫孰异道而相安？

12. 美术生对着椅儿上的方块和圆柱素描。

屈心而抑志兮，忍尤而攘诟。

13. 医生给病人换心，病人很痛，医生打麻醉药抑制他的痛感。

伏清白以死直兮，固前圣之所厚。

14. 皇上用钥匙打开房门，看到妃子和大臣在房间，妃子以死证清白。

悔相道之不察兮，延伫乎吾将反。

15. 鹦鹉被布条绑着眼睛，看不到路，竟然倒着走。

回朕车以复路兮，及行迷之未远。

16. 车子看到前面有一个巨大的石榴后，立刻调头。

步余马于兰皋兮，驰椒丘且焉止息。

17. 坐在马上，用仪器观察兰花，突然被人塞了一根辣椒，呛着了。

进不入以离尤兮，退将复修吾初服。

18. 从腰包里掏出一个鱿鱼，它吐了一口墨汁把我衣服弄脏了。

制芰荷以为衣兮，集芙蓉以为裳。

19. 一个人拿着药酒喝，他拿荷叶当上衣，拿芙蓉花当下装。

不吾知其亦已兮，苟余情其信芳。

20. 点着一根香烟，都能闻到信封上的芳香。

高余冠之岌岌兮，长余佩之陆离。

21. 鳄鱼戴着高高的皇冠，腰上缠着佩带。

芳与泽其杂糅兮，唯昭质其犹未亏。

22. 香妃掉进沼泽里，BY2双胞胎把她拉上来。

忽反顾以游目兮，将往观乎四荒。

23. 乔丹在不带眼镜游泳。

佩缤纷其繁饰兮，芳菲菲其弥章。

24. 穿戴华贵的华妃居然当着众人面掏耳屎。

民生各有所乐兮，余独好修以为常。

25. 拉着二胡的是个美女，她对着镜子打扮。

虽体解吾犹未变兮，岂余心之可惩。

26. 二流子被绳子绑着，五马分尸。

（四）文字路线法

节选内容与数字路线法相同

故：长、哀（肠癌）

已故的人是因为肠癌而死的

人：余、謇（遇见）

两个人相互遇见了

西：既、又（机油）

要到西方去，必须要有足够的机油

辞：亦、虽（一岁）

辞旧迎新，又要长一岁了

黄：怨、终（园中）

园中的花草都黄了

鹤：众、谣（重要）

仙鹤是非常重要的动物

楼：固、偭（鼓面）

在楼中有一个大鼓，鼓面还完好无损

烟：背、竞（背景）

凡是能抽烟的人都是有背景的

花：忳、吾（顿悟）

在花下我顿悟了人生的哲理

三：宁、余（宁余）

数到三下，我宁可余（留）下来

月：鸷、自（质子）

月亮也是由许多质子构成的

下：何、夫（和服）

衣服下面穿着和服

扬：屈、忍（去人）

扬眉吐气，我们也可以去人到国外了

州：伏、固（复古）

州里有人要复古

孤：悔、延（会演）

孤儿会演戏

帆：回、及（回击）

挂上帆回击敌人

远：步、驰（不吃）

走远路不吃饭不行

影：进、退（进退）

影子随着人进退

碧：制、集（知已）

碧玉是送给知已的

空：不、苟（不够）

空了，不够了

尽：高、长（高唱）

在曲子的尽头，要高唱

唯：芳、唯（防伪）

唯一的标记是用于防伪的

见：忽、将（虎将）

看见了一员虎将

长：佩、芳（配方）

在长长的纸上，写的是祖传的配方

江：民、余（名誉）

对着长江，用我的名誉发誓

天：虽、岂（虽起）

冬天虽然来了，却不知道干什么好

（五）思维导图

原文：

悔相道之不察兮，延伫乎吾将反。

回朕车以复路兮，及行迷之未远。

步余马于兰皋兮，驰椒丘且焉止息。

进不入以离尤兮，退将复修吾初服。

制芰荷以为衣兮，集芙蓉以为裳。

不吾知其亦已兮，苟余情其信芳。

高余冠之岌岌兮，长余佩之陆离。

芳与泽其杂糅兮，唯昭质其犹未亏。

◆ 作者 梁润发

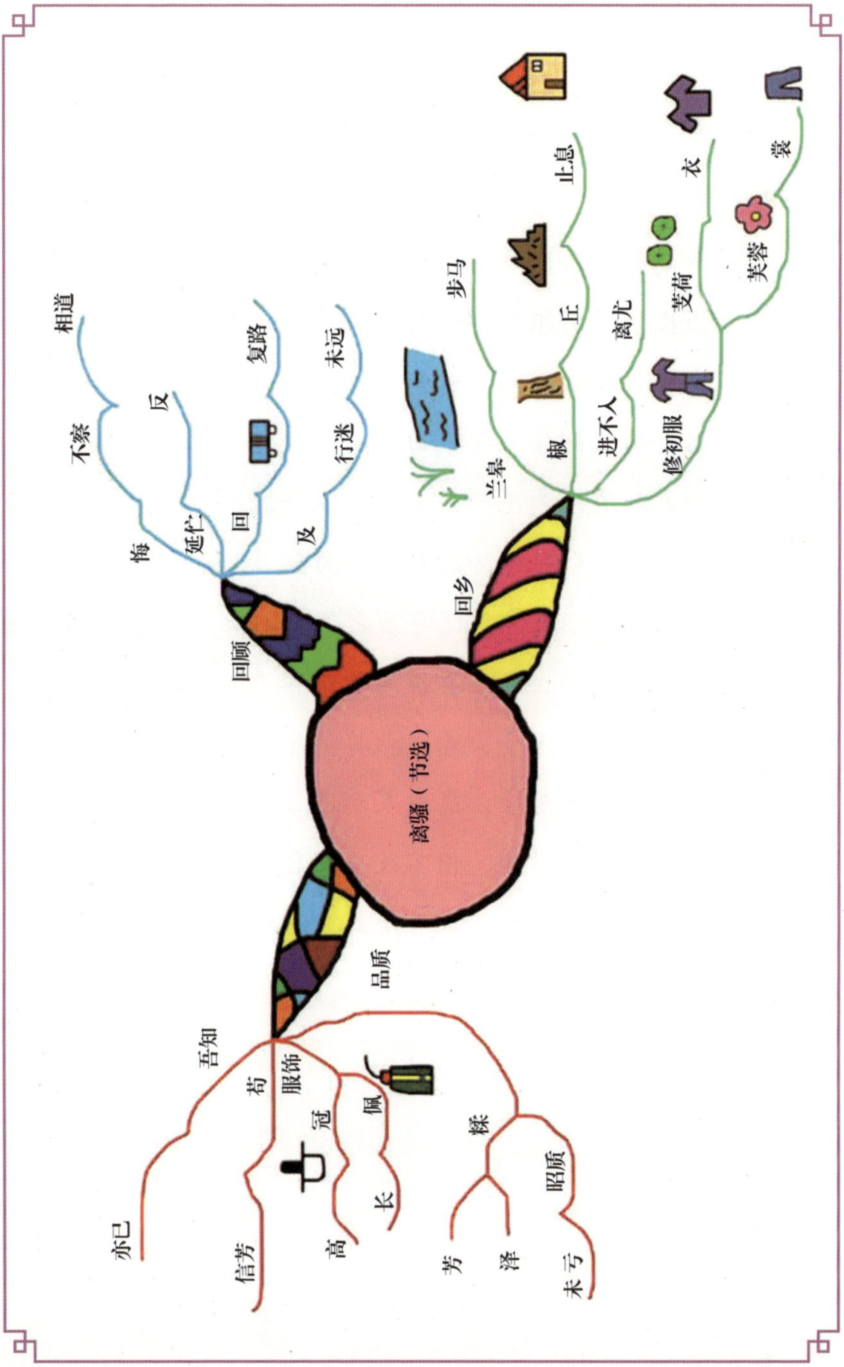
离骚（节选）
回顾
悔
相道
不察
延伫
反
回
复路
及
行迷
未远
回乡
兰皋
步马
椒
丘
止息
进不入
离尤
修初服
芰荷
衣
芙蓉
裳
品质
吾知
苟
亦已
信芳
服饰
冠
高
佩
长
糅
芳
泽
昭质
未亏

原文：

帝高阳之苗裔兮，朕皇考曰伯庸。
摄提贞于孟陬兮，惟庚寅吾以降。
皇览揆余初度兮，肇锡余以嘉名。
名余曰正则兮，字余曰灵均。
纷吾既有此内美兮，又重之以修能。
扈江离与辟芷兮，纫秋兰以为佩。
汨余若将不及兮，恐年岁之不吾与。
朝搴阰之木兰兮，夕揽洲之宿莽。
日月忽其不淹兮，春与秋其代序。
惟草木之零落兮，恐美人之迟暮。
不抚壮而弃秽兮，何不改乎此度？
乘骐骥以驰骋兮，来吾道夫先路！

◆ 作者 范美婧

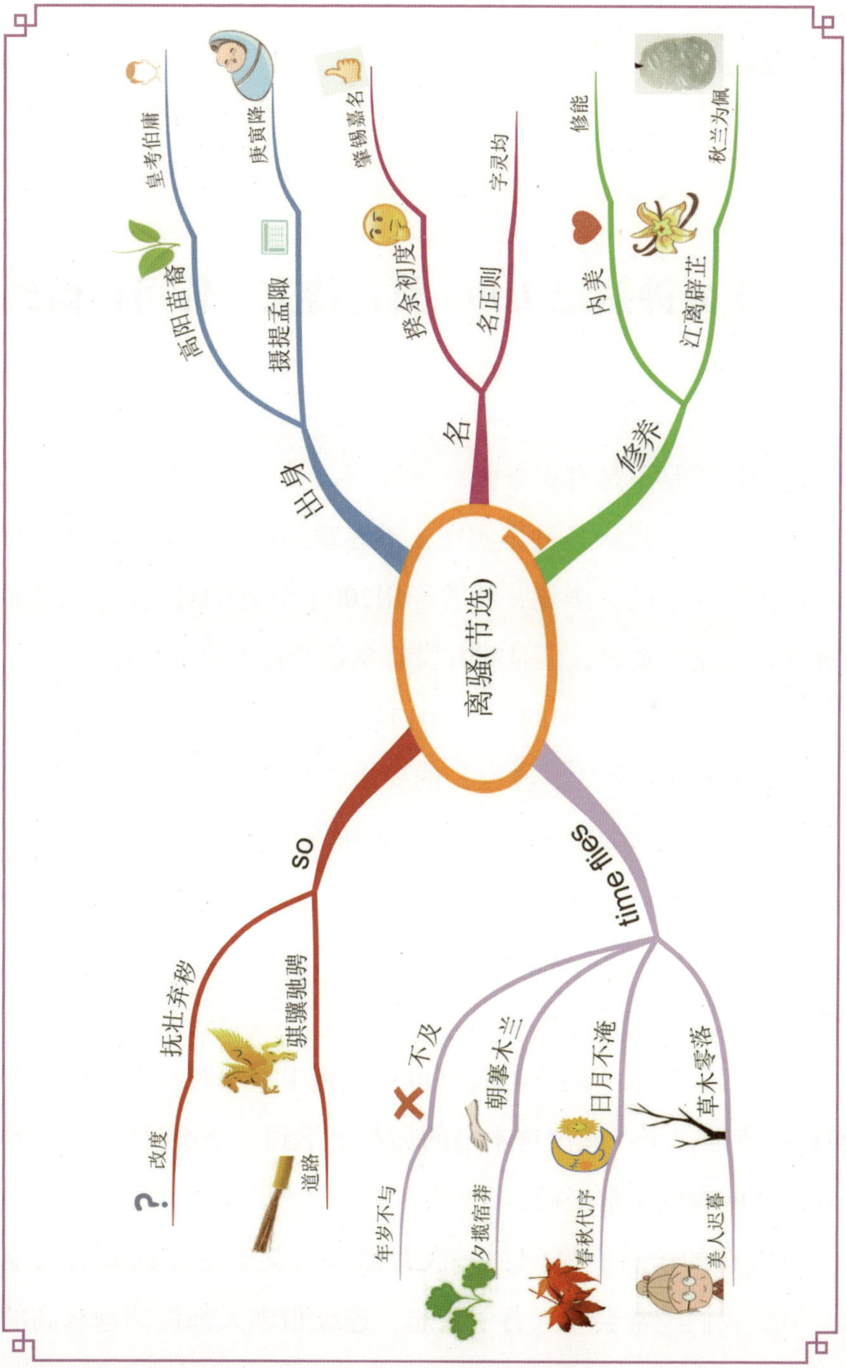
离骚(节选)
出身
高阳苗裔
皇考伯庸
摄提孟陬
庚寅降
名
揆余初度
肇锡嘉名
名正则
字灵均
修养
内美
修能
江离辟芷
秋兰为佩
so
抚壮弃秽
改度
骐骥驰骋
道路
time flies
不及
年岁不与
朝搴木兰
夕揽宿莽
日月不淹
春秋代序
草木零落
美人迟暮

附录

1 000分钟熟记100+篇古诗文，你可以做到

这个标题是不是有点夸张？

放心，我最讨厌各种不实在、不客观的说法，所以这里的时间还是比较保守的。毕竟，我曾经用200多分钟的时间记下来300首唐诗和对应的页码，但是我并没有拿这个标准来起标题。

这个标准是怎么来的呢？2017年的夏天，我一对一地教了一位只有7岁的小学员。应家长的要求，我在课程中教他用路线法和思维导图背诵20首古诗词。每天快下课的时候教3首（教、学、检查总时长约为20分钟），然后让他回家自己按照方法再背诵4首（约15分钟）。就这样，他在3天时间里面完成了20首古诗词的背诵。

我相信，这么小的学习者都可以做到半个小时左右的时间背诵7首古诗词，正在阅读这本书的你花上不到一个小时背诵7首到10首古诗词应该非常轻松。

可能有的读者有疑问：一次背诵10首甚至更多这是有可能的，但是我们经常会今天背明天忘，连续很多天都保持这么高的

记忆量太难了！没关系，我们有独家秘方！

“五一”背诵计划

我们都知道大名鼎鼎的艾宾浩斯曲线。根据艾宾浩斯曲线，我们一般认为复习间隔为：5分钟、30分钟、12小时、1天、2天、4天、7天、15天。但是这样难以真正坚持，我们调整为：一小时、一天、一周、一个月、一个季度。

按照一般水平，我们假设新记10首诗需要一个小时，复习一次需要10分钟，那么，整个学习过程需要110分钟，100首诗总计为1 100分钟，即18小时20分钟。这对于我们来说还是比较轻松的。

全脑背诵计划

上面的方法比较符合单纯左脑记忆的遗忘曲线，我们书中的方法则是左右脑同时开动，别说5分钟，如果我不主动“删除文件”，你下个月问我记忆的信息，我也能说个差不多。有了这么强大的方法，复习次数也可以缩减，现在的复习间隔是：两天、一周、一个月。按照刚才的计算法可以得出：10首诗需要的总时长为90分钟，100首总计为900分钟，即15小时。

以上两种计算方式皆为比较保守的计算方式，实际情况可能比这个快很多。

后记

之前花了三年时间写了我的第一本书《最强大脑："魔方墙找茬王"郑才千的学神秘笈》，虽然最后写出来还算比较满意，但是写书过程中感觉压力特别大，而且写书是一件吃力不讨好的活儿，所以我发誓我再也不写书了……

但是，可能人的一生就是一个不断被打脸的过程……

2016年，第一本书才出版不久，我又接到了写书的邀约，本来我是要坚决拒绝的，结果一看——中国人民大学出版社？我大RUC[①]的出版社？我妈妈也说，既然是人大的，那还是尽量写吧。好吧，那就写写吧！

虽然我大学本来就是文学专业的，看起来很适合写这本书，但是实际上很多作品我从小就会背，让我去想记忆方法反而有障碍，我的感觉常常是：这首好像有点简单吧？这首也需要方法吗？不是人人都会吗？……这让我一度陷入停滞。

最终，我决定回归本真，以我学生的方法为切入点，看看大

---

① 中国人民大学的英文缩写为RUC。

家真正背不下来的篇目是哪些。经过近15次的修改，终于有了这本在你面前的记忆秘笈。

在飞速发展的网络时代，网络流行语大行其道，我和学生交流的时候也经常用。但是，真正直抵人心的，很多时候仍然是那些千年不朽的珠玑般的文字。你说了无数句“小仙女”“小姐姐”，又如何比得上一句“仿佛兮若轻云之蔽月，飘摇兮若流风之回雪”？

记忆诗词对于很多人都是一件头疼的事情，但是现在回望学生时代，我不得不感谢当年“凶残”的语文老师强迫我背诵那些名家名篇。正是有了这些积累，我才有胆量亲自写下所有篇目的翻译，才有底气将一种种“曲解原意”的方法写在书中，才有灵感把一篇篇晦涩难懂的作品变为简单有趣、生动形象的故事……

希望我的这本书可以帮助你通过一种特别的方式爱上这些中华民族的文化瑰宝，无论你现在是不是真的理解李白洒脱背后的愤懑、李商隐无题隐含的愁怨、刘禹锡豪气之外的骄傲……当你与他们在诗中相遇、相知，你会发现——中国真的一直都很美！

郑才千

2018年3月

图书在版编目（CIP）数据

最强大脑郑才千的诗文记忆秘笈/郑才千著．—北京：中国人民大学出版社，2018.5

ISBN 978-7-300-24591-1

Ⅰ．①最… Ⅱ．①郑… Ⅲ．①记忆术－青少年读物 Ⅳ．①B842.3-49

中国版本图书馆CIP数据核字（2017）第144645号

最强大脑郑才千的诗文记忆秘笈

郑才千　著

Zuiqiangdanao Zhengcaiqian de Shiwen Jiyi Miji

出版发行	中国人民大学出版社		
社　　址	北京中关村大街31号	**邮政编码**	100080
电　　话	010－62511242（总编室）		010－62511770（质管部）
	010－82501766（邮购部）		010－62514148（门市部）
	010－62515195（发行公司）		010－62515275（盗版举报）
网　　址	http://www.crup.com.cn		
	http://www.ttrnet.com（人大教研网）		
经　　销	新华书店		
印　　刷	北京瑞禾彩色印刷有限公司		
规　　格	160mm×230mm　　16开本	**版　　次**	2018年5月第1版
印　　张	18　插页2	**印　　次**	2018年8月第2次印刷
字　　数	190 000	**定　　价**	45.00元
